숏공 한글로 암기하는 중국어 150

초판 1쇄 인쇄	2025년 11월 19일
초판 1쇄 발행	2025년 11월 28일

발행인	임충배
홍보·마케팅	양경자
편집	AI 편집부
감수	박슬기
디자인	서해숙
펴낸 곳	도서출판 삼육오(PUB.365)
제작	(주)피앤엠123
출판신고	2014년 4월 3일
등록번호	제406-2014-000035호

(10882) 경기도 파주시 산남로 183-25
TEL 031-946-3196, FAX 031-946-3171
홈페이지 www.pub365.co.kr

ISBN 979-11-94543-36-7 03720
ⓒ 2025 PUB.365

· 저자와 출판사의 허락 없이 내용 일부를 인용하거나 발췌하는 것을 금합니다.
· 저자와의 협의에 의하여 인지는 붙이지 않습니다.
· 가격은 뒤표지에 표시되어 있습니다.
· 잘못 만들어진 책은 구입처에서 교환해 드립니다.

시작하며

안녕하세요!
《숏공 한글로 암기하는 중국어 150》에 오신 걸 진심으로 환영합니다.

혹시 이런 생각, 해보신 적 있으신가요?
"중국어는 성조도 어렵고, 발음도 생소하고, 한자까지 있어서 도저히 시작을 못 하겠어…" 네, 정말 많이 들어본 이야기입니다. 하지만 만약 우리말과 비슷한 소리부터 시작한다면, 생각보다 훨씬 수월하고 재밌게 배울 수 있어요.

예를 들어, '엄마'를 뜻하는 중국어는 妈妈(마마)입니다.
발음도 비슷하죠? 이런 익숙한 소리를 듣고 따라 하다 보면 어느새 "어? 이거 나 아는 단어인데?"하며 자신감이 생기고, 기억에도 훨씬 오래 남습니다.

이 책은 바로 그 지점에서 출발합니다.
'짧게 배우고도 바로 써먹는' 숏공 학습으로, 발음이 친숙한 중국어 단어 150개를 선별했어요. 단어만 외우고 끝나는 게 아니라, 짧은 문장으로 실전 회화까지 연결됩니다. "단어 외우는 게 제일 힘들다"는 분도, "한자 보면 머리가 지끈거린다"는 분도, 부담 없이 시작하실 수 있어요.

여행, 출장, 업무 준비 중이신가요?
지금이 바로 중국어 회화를 시작할 최고의 타이밍입니다. 하루 몇 분만 투자해도, 어느새 입에서 중국어가 톡톡 튀어나오는 기분을 느끼게 될 거예요.

우리 함께, 가볍게 시작해서 실력은 크게 키워봐요!

학습 안내

《숏공 한글로 암기하는 중국어 150》은 이런 분께 추천해요.

 중국어를 처음 배우는 왕초보

 단어 외우는 게 어려운 학습자

 여행·업무 등 실전 표현이 급한 분

 짧고 확실한 학습을 원하는 분

이 책은 이렇게 구성되어 있어요!

테마별 단어 150개
총 10개의 주제를 선정하고 회화에 바로 써먹을 수 있는 단어만 골라 담았어요.

한글로 독음을 표기
성조, 병음이 어려운 분도 걱정 마세요! 한글 독음 표기로 바로 따라 읽을 수 있어요.

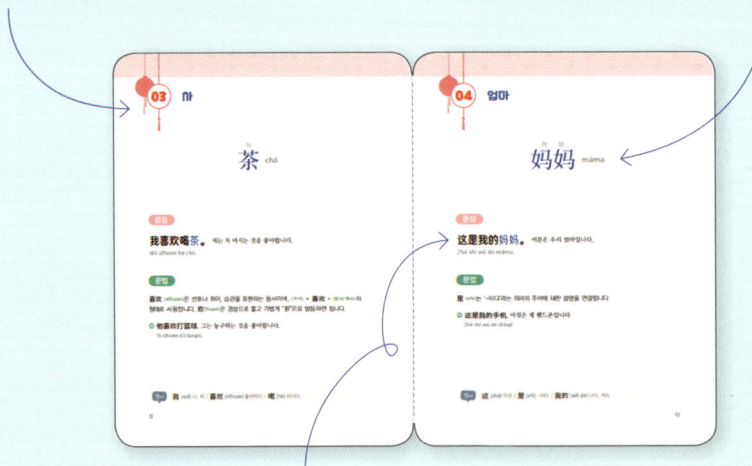

예문 문장까지 같이!
단어만 외우는 게 아니라, 실제 문장에서 어떻게 쓰이는지 확인해요. 회화 실력까지 자연스럽게 늘어납니다.

연습문제로 점검

단어를 활용하여 문장을 만들어보는 활동으로 오늘 배운 내용을 점검해요.
틀려도 괜찮아요! 직접 써보고 말해보며 내 표현으로 익히는 것이 더 중요해요.

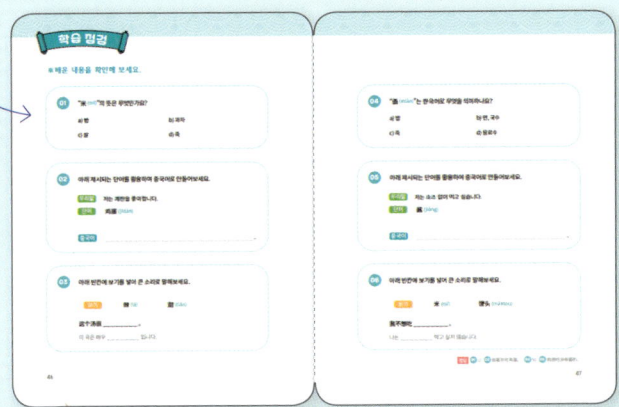

MP3로 듣고 따라 말해보기
홈페이지에서 MP3를 무료로 제공해요.
눈으로 보고, 귀로 듣고, 입으로
따라하며 3배 빠르게 익혀요.

단어장으로 복습
학습한 단어를 다시 확인하고,
체크리스트 형식으로 복습할 수 있어요.
기억이 가물가물하다면 단어장으로
가볍게 다시 훑어보세요.

이렇게 활용해 보세요!

STEP 1
눈으로 단어를 보고,
한글 독음을
소리 내어 읽기

STEP 2
MP3를 들으며,
원어민의 발음
익히기

STEP 3
예문을 따라
말하면서 문장을
입에 붙이기

STEP 4
단어장과
연습문제로 오늘
배운 표현 정리하기

목차

01 기초 인사 및 자기소개 10
중국 | 한국 | 차 | 엄마 | 아빠 | 자전거 | 버스 | 콜라 | 햄버거 | 소파 | 과즙·쥬스 | 우산 | 요가 | 말 | 환영하다
학습 점검

02 식당에서 30
달걀(계란) | 쌀 | 국·스프 | 면·국수 | 장·소스 | 찐빵 | 커피 | 맥주 | 과일 | 설탕 | 빵·전병 | 죽 | 식사 | 두부 | 두유
학습 점검

03 쇼핑하기 50
신발 | 옷·의복 | 모자 | 꽃병 | 가구 | 화장품 | 시계 | 안경 | 선물 | 장난감 | 운동화 | 이어폰 | 향수 | 유화 | 의자
학습 점검

04 여행 및 관광 70
지도 | 숙소·호텔 | 표·입장권 | 바다 | 산 | 공원 | 박물관 | 경치 | 미술관 | 관광하다 | 찻집 | 은행 | 주차장 | 시장 | 조명
학습 점검

05 일상 생활 — 90

전화 | 냉장고 | 창문 | 등·램프 | 침대 | 문 | 주방 | 화분 | 난방기 | 공기청정기 | 난로 | 장식품 | 양산 | 쓰레기통 | 샴푸

학습 점검

06 학교 및 교육 — 110

도서관 | 과정·강좌 | 지리 | 수학 | 물리 | 화학 | 생물 | 미술 | 체육 | 반·학급 | 필기 | 논문 | 그림 | 과학 | 학교장

학습 점검

07 직장 및 업무 — 130

사무실 | 회의 | 보고 | 동료 | 상사 | 급여 | 시장 | 재무 | 출장 | 직위 | 면접 | 협상 | 관리 | 사직 | 기초

학습 점검

08 가족 및 관계 — 150

할아버지(아버지의 아버지) | 할머니(아버지의 어머니) | 할아버지(어머니의 아버지) | 할머니(어머니의 어머니) | 형제 | 자매 | 친척 | 집안일 | 아버지 | 어머니 | 생일 | 친밀 | 관계 | 감정 | 동거

학습 점검

09 건강 및 의료 — 170

의사 | 약 | 질병 | 치료 | 수술 | 증상 | 체온 | 통증 | 진단 | 면역 | 예약 | 심리 | 영양 | 처방 | 병실

학습 점검

10 문화 및 행사 — 190

예술 | 전통 | 강연 | 시낭송 | 패션쇼 | 스튜디오 | 낭송회 | 공예품 | 활동 | 민속 | 국제 교류 | 민간 예술 | 기념관 | 문화 | 예술가

학습 점검

01

기초 인사 및 자기소개

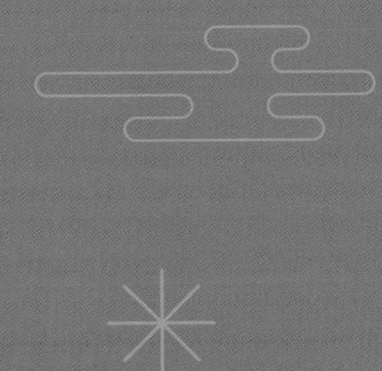

인사말, 출신 국가, 가족 소개 등 일상적인 자기소개 상황에서 자주 쓰이는 단어와 표현을 집중적으로 학습할 수 있습니다. 중국어 단어의 발음이 한국어와 비슷한 점을 활용해 기억하기 쉽게 구성되어 있습니다. 실생활 대화에 유용한 예문을 통해 자연스러운 인사와 자기소개 표현을 익히며, 문법 설명과 추가 예문을 통해 자기소개 상황에서 바로 활용할 수 있는 표현을 실전처럼 연습할 수 있습니다.

중국

中国 Zhōngguó
(중) (궈)

문장

我来自中国。 저는 중국에서 왔습니다.
Wǒ láizì Zhōngguó.

문법

来自 (láizì)는 '~에서 왔다', '~출신이다'를 의미하는 표현으로 (주어) + 来自 + (장소/기관) 형식으로 사용합니다.

예) 他来自北京。 그는 베이징에서 왔습니다.
　　Tā láizì Běijīng.

 我 (wǒ) 나, 저 / 来自 (láizì) ~에서 오다

 한국

Hánguó

문장

我的朋友来自韩国。 제 친구는 한국에서 왔습니다.
Wǒ de péngyou láizì Hánguó.

문법

朋友 (péngyou)는 일반적인 친구, 好朋友 (hǎo péngyou)는 "절친"의 의미이며, 비슷한 표현으로 同事 (tóngshì) 동료, 同学 (tóngxué) 동창도 있습니다.

예 **他和他的朋友一起去电影院。** 그와 그의 친구는 함께 영화관에 갔습니다.
Tā hé tā de péngyou yìqǐ qù diànyǐngyuàn.

단어 我的 (wǒ de) 나의, 저의 / 朋友 (péngyou) 친구 / 来自 (láizì) ~에서 오다

13

 차

차
茶 chá

문장

我喜欢喝茶。 저는 차 마시는 것을 좋아합니다.
Wǒ xǐhuan hē chá.

문법

喜欢 (xǐhuan)은 선호나 취미, 습관을 표현하는 동사이며, (주어) + 喜欢 + (동사/명사)의 형태로 사용합니다. 欢(huan)은 경성으로 짧고 가볍게 "환"으로 발음하면 됩니다.

예 **他喜欢打篮球**。 그는 농구하는 것을 좋아합니다.
　Tā xǐhuan dǎ lánqiú.

 我 (wǒ) 나, 저 / 喜欢 (xǐhuan) 좋아하다 / 喝 (hē) 마시다

 엄마

마 마
妈妈 māma

문장

这是我的妈妈。 이분은 우리 엄마입니다.
Zhè shì wǒ de māma.

문법

是 (shì)는 '~이다'라는 의미의 주어에 대한 설명을 연결합니다.

예 这是我的手机。이것은 제 핸드폰입니다.
　 Zhè shì wǒ de shǒujī.

 这 (zhè) 이것 / 是 (shì) ~이다 / 我的 (wǒ de) 나의, 저의

 아빠

문장

我的爸爸是医生。 우리 아빠는 의사입니다.
Wǒ de bàba shì yīshēng.

문법

的 (de)는 구조조사로 '~의, ~한'이라는 의미를 갖습니다.
我(的)爸爸에서 가족 호칭 앞에서 的은 생략 가능합니다.

예) 我的小狗很可爱。 우리 강아지는 정말 귀엽습니다.
Wǒ de xiǎogǒu hěn kě'ài.

 我的 (wǒ de) 나의, 저의 / 是 (shì) ~이다 / 医生 (yīshēng) 의사

06 자전거

쯔 싱 처
自行车 zìxíngchē

문장

我每天骑**自行车**上班。 저는 매일 자전거 타고 출근합니다.
Wǒ měitiān qí zìxíngchē shàngbān.

문법

骑 (qí)는 '타다'라는 의미로 교통수단(자전거, 오토바이 등), 동물(말 등)에 사용합니다. 骑 뒤에는 반드시 타는 대상이 필요하며 비슷한 표현으로 开 (kāi) '차를 운전하다', 坐 (zuò) '탑승하다'도 있습니다.

예) 他喜欢骑马。 그는 말 타는 것을 좋아합니다.
　　Tā xǐhuan qí mǎ.

단어 我 (wǒ) 나, 저 / 每天 (měitiān) 매일 / 骑 (qí) 타다 / 上班 (shàngbān) 출근하다

07 버스

빠 스
巴士 bāshì

문장

我在巴士站等你。 저는 버스 정류장에서 당신을 기다리겠습니다.
Wǒ zài bāshì zhàn děng nǐ.

문법

在 (zài) + (장소) '~에, ~에서'라는 표현으로 위치를 말합니다.

예 他在家吃饭。 그는 집에서 밥을 먹습니다.
　　Tā zài jiā chī fàn.

 我 (wǒ) 나, 저 / 在 (zài) ~에 있다 / 巴士站 (bāshì zhàn) 버스 정류장 /
等 (děng) 기다리다 / 你 (nǐ) 당신

08 콜라

커 러
可乐 kělè

문장

我不喜欢喝可乐。 저는 콜라 마시는 것을 좋아하지 않습니다.
Wǒ bù xǐhuan hē kělè.

문법

不 (bù)는 부정을 나타내는 부사로, 동사나 형용사 앞에 위치하며, 4성 앞에서는 2성(bú)으로 발음합니다.
我不去。(Wǒ bú qù) 나는 안 간다. **vs 我没去。**(Wǒ méi qù) 나는 가지 않았다.

예 **他不去学校。** 그는 학교에 가지 않습니다.
　　Tā bú qù xuéxiào.

 我 (wǒ) 나, 저 / 不 (bù) ~하지 않다 / 喜欢 (xǐhuan) 좋아하다 / 喝 (hē) 마시다

 햄버거

한 바오
汉堡 hànbǎo

문장

我想吃汉堡。 저는 햄버거를 먹고 싶습니다.
Wǒ xiǎng chī hànbǎo.

문법

想 (xiǎng)는 '~하고 싶다'라는 의미의 동사로 소망과 의도를 표현합니다.

예 **我想看电影。** 저는 영화를 보고 싶습니다.
　　Wǒ xiǎng kàn diànyǐng.

 我 (wǒ) 나, 저 / 想 (xiǎng) 생각하다, ~하고 싶다 / 吃 (chī) 먹다

 소파

沙发 shāfā
(샤파)

문장

我在沙发上看书。 저는 소파 위에서 책을 읽습니다.
Wǒ zài shāfā shang kàn shū.

문법

在...上 (zài...shang)는 '...위에'라는 위치를 나타내는 표현입니다.

예) **猫在桌子上。** 고양이는 책상 위에 있습니다.
    Māo zài zhuōzi shang.

 我 (wǒ) 나, 저 / 在 (zài) ~에 있다 / 沙发 (shāfā) 소파 / 上 (shàng) 위에 / 看书 (kàn shū) 책을 보다

11 과즙 · 쥬스

果汁 guǒzhī
(궈 즈)

문장

我喝一杯果汁。 저는 주스 한 잔을 마십니다.
Wǒ hē yìbēi guǒzhī.

문법

杯 (bēi)는 '잔'을 뜻하는 양사(수량 단위)로, 컵이나 잔에 담긴 음료수를 셀 때 사용합니다. 중국어에서는 "수량 + 양사 + 명사" 구조가 일반적입니다. 이 문장에서는 "一(1) + 杯(잔) + 果汁(주스)"가 그것입니다. 또한, 아래 예문의 "我喝..."는 "나는 ~을 마신다"라는 일상적인 표현으로, 다양한 음료나 액체류와 결합해 쓸 수 있는 실용적 구조입니다.

예) **我喝一杯咖啡。** 저는 커피 한 잔을 마십니다.
Wǒ hē yì bēi kāfēi.

 喝 (hē) 마시다 / 杯 (bēi) 잔

우산

위 산
雨伞 yǔsǎn

문장

我忘记带雨伞了。 저는 우산을 챙기는 걸 잊었습니다.
Wǒ wàngjì dài yǔsǎn le.

문법

忘记 (wàngjì)는 '잊다'라는 의미의 동사로, 무언가를 기억하지 못하는 상태를 나타냅니다.

예 **他忘记了他的生日。** 그는 그의 생일을 잊었습니다.
　　Tā wàngjì le tā de shēngrì.

 我 (wǒ) 나, 저 / 忘记 (wàngjì) 잊다 / 带 (dài) 가져오다 / 了 (le) [완료를 나타내는 조사]

13 요가

위 자
瑜伽 yújiā

문장

我每天早上做瑜伽。 저는 매일 아침 요가를 합니다.
Wǒ měitiān zǎoshang zuò yújiā.

문법

每天 (měitiān)은 '매일'이라는 뜻으로 시간을 나타내는 시간명사로, [주어] 앞과 뒤에 모두 쓰일 수 있습니다.

예 **他每天读书**。 그는 매일 책을 읽습니다.
　　Tā měitiān dúshū.

 我 (wǒ) 나, 저 / 每天 (měitiān) 매일 / 早上 (zǎoshang) 아침 / 做 (zuò) 하다

14 말

마
马 mǎ

문장

我不喜欢骑马。 저는 말 타는 것을 좋아하지 않습니다.
Wǒ bù xǐhuan qí mǎ.

문법

喜欢 (xǐhuan)는 뒤에 [동작]과 연계하여 '~하는 것을 좋아하다'라는 뜻으로, 喜欢跑步 (xǐhuān pǎobù) '달리기를 좋아하다'와 같이 좋아하는 행동을 직접 연결하여 사용합니다.

예 **我们不喜欢排队。** 우리는 줄 서는 걸 좋아하지 않습니다.
　　Wǒmen bù xǐhuan páiduì.

 我 (wǒ) 나, 저 / 不 (bù) ~하지 않다 / 喜欢 (xǐhuan) 좋아하다 / 骑 (qí) 타다

환영하다

환 잉
欢迎 huānyíng

문장

欢迎来到我们的家。 우리 집에 오신 것을 환영합니다.
Huānyíng lái dào wǒmen de jiā.

문법

来到 (lái dào)는 '~에 오다, 도착하다'라는 의미로 동작의 완료 및 목적지를 말할 때 사용합니다. 来 (lái) 단순히 '오다'의 뜻에 '도착하다'라는 到 (dào)를 결합하여 동작의 완결성을 강조합니다.

예) 他**来到**了办公室。 그는 사무실에 도착했습니다.
Tā lái dào le bàngōngshì.

단어) 欢迎 (huānyíng) 환영하다 / 来到 (lái dào) ~에 오다 / 我们的 (wǒmen de) 우리의 / 家 (jiā) 집

학습 점검

※ 배운 내용을 확인해 보세요.

01 "中国 (Zhōngguó)"의 뜻은 무엇인가요?

a) 일본   b) 한국

c) 중국   d) 미국

02 아래 제시되는 단어를 활용하여 중국어로 만들어보세요.

우리말 저는 커피를 마시고 싶습니다.

단어 咖啡 (kāfēi)

중국어 _____.

03 아래 빈칸에 보기를 넣어 큰 소리로 말해보세요.

보기 韩国 (Hánguó)   美国 (Měiguó)

我是 _____ 人。

나는 _____ 사람입니다.

04 "巴士 (bāshì)"는 한국어로 무엇을 의미하나요?

a) 택시　　　　　　　b) 버스

c) 기차　　　　　　　d) 비행기

05 아래 제시되는 단어를 활용하여 중국어로 만들어보세요.

우리말　저는 **한국**에서 왔습니다.

단어　韩国 (Hánguó)

중국어 _____ .

06 아래 빈칸에 보기를 넣어 큰 소리로 말해보세요.

보기　咖啡 (kāfēi)　　　可乐 (kělè)

我不喜欢 _____ 。

나는 _____ 을(를) 좋아하지 않습니다.

정답 **01** c) **02** 我想喝咖啡。 **04** b) **05** 我来自韩国。

29

02

식당에서

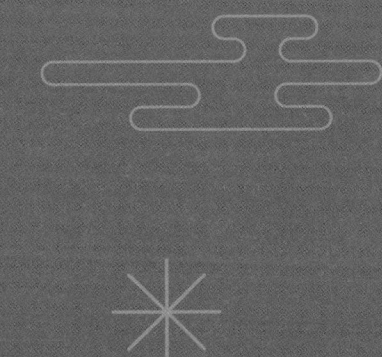

식당에서 자주 마주치는 상황인 주문, 음식 설명, 계산 등의 표현을 중심으로 학습할 수 있습니다. 발음이 익숙한 단어를 활용해 어휘를 쉽게 암기할 수 있으며, 음식이나 음료를 주문할 때 유용한 예문을 통해 실전 감각을 익힐 수 있도록 구성되어 있습니다. 문법 설명을 통해 기본적인 문장 구조를 이해하고, 추가 예문을 통해 다양한 응용 표현도 연습할 수 있습니다.

01 달걀(계란)

지 단
鸡蛋 jīdàn

문장

我要两个鸡蛋。 저는 달걀 두 개를 원합니다.
Wǒ yào liǎng ge jīdàn.

문법

两个 (liǎng ge)는 수량을 나타내는 단어로 '두 개의'를 의미하며, 个 (ge)는 숫자를 세는 가장 일반적인 양사입니다.

예 我有两个苹果。 저는 사과 두 개가 있습니다.
Wǒ yǒu liǎng ge píngguǒ.

 我 (wǒ) 나, 저 / 要 (yào) 원하다 / 两个 (liǎng ge) 두 개의

02 쌀

문장

我买了一袋米。 저는 쌀 한 포대를 샀습니다.
Wǒ mǎi le yí dài mǐ.

문법

袋 (dài)는 주로 유연한 포장재로 되어 있는 봉지(예, 비닐봉지 등)를 의미하는 단위사입니다. 기타 단위사로는 一杯水(yìbēi shuǐ) '물 한 잔', 一本书 (yì běn shū) '책 한 권', 一辆车 (yí liàng chē) '차 한 대'가 있습니다.

예 **中国超市用塑料袋装水果。** 중국 슈퍼에선 비닐봉지에 과일을 담습니다.
Zhōngguó chāoshì yòng sùliàodài zhuāng shuǐguǒ.

 买了 (mǎi le) 샀다 / 一袋 (yí dài) 한 봉지의

국 · 스프

汤 tāng

문장

我喜欢喝鸡汤。 저는 치킨 스프를 먹는 것을 좋아합니다.
Wǒ xǐhuan hē jītāng.

문법

喜欢吃 (xǐhuan chī)는 '마시는 것을 좋아하다'라는 의미입니다. 중국에서는 죽이나 스프, 국을 '먹다'라고 할 때 동사를 먹다 吃가 아닌 喝를 사용합니다. 또한 喜欢는 일반적 선호를 我爱吃辣。(Wǒ ài chī là.) '저는 매운 것을 정말 좋아합니다.'처럼 爱 (ài)는 강한 열정을 표현할 때 사용합니다.

예 **他喜欢吃苹果。** 그는 사과 먹는 것을 좋아합니다.
Tā xǐhuan chī píngguǒ.

 吃 (chī) 먹다 / 鸡汤 (jītāng) 치킨 스프

면 · 국수

미엔

面 miàn

문장

我们晚上吃面。 우리는 저녁에 국수를 먹습니다.
Wǒmen wǎnshang chī miàn.

문법

晚上 (wǎnshang)는 시간을 나타내는 명사로 '저녁'을 의미하며, 早上 (zǎoshang) '아침', 下午 (xiàwǔ) '오후', 半夜 (bànyè) '한밤중'도 같이 알아두세요.

예 **我们晚上看电视。** 우리는 저녁에 텔레비전을 봅니다.
Wǒmen wǎnshang kàn diànshì.

 我们 (wǒmen) 우리 / 晚上 (wǎnshang) 저녁

05 장 · 소스

짜앙
酱 jiàng

문장

这个酱很好吃。 이 소스는 진짜 맛있습니다.
Zhège jiàng hěn hǎochī.

문법

很好吃 (hěn hǎochī)는 '매우 맛있다'라는 의미의 형용사 표현으로 (주어) + 很 + (형용사) 형식으로 사용됩니다. 형용사를 술어로 사용한 문장에서는 很은 강조해서 읽을 경우 '매우'라고 해석되지만 그렇지 않은 경우엔 문법적 역할을 하기 때문에 '매우'라고 해석하지 않습니다. 여기서 很 (hěn)은 강조의 의미이지만, **她很高。**(tā hěn gāo。) '그녀는 키가 큽니다.'처럼 강조보다는 종종 문법적 연결 역할을 하기도 합니다.

예 **这个苹果很好吃。** 이 사과는 정말 맛있습니다.
　　Zhège píngguǒ hěn hǎochī.

 这个 (zhège) 이 / 很 (hěn) 매우 / 好吃 (hǎochī) 맛있다

06 찐빵

만 토우
馋头 mántou

문장

早餐我吃馋头。 아침 식사로 찐빵을 먹습니다.
Zǎocān wǒ chī mántou.

문법

馋头 (mántou)는 소가 없는 것이고, 소가 있는 만두는 包子 (bāozi)라고 합니다. 또한 早餐 (zǎocān)은 '아침 식사'를 의미하며, 그 이외 午餐 (wǔcān) '점심 식사', 晚餐 (wǎncān) '저녁 식사', 夜宵 (yèxiāo) '야식'과 같은 단어도 함께 익혀두세요.

예) 他早餐喝咖啡。 그는 아침에 커피를 마십니다.
  Tā zǎocān hē kāfēi.

 早餐 (zǎocān) 아침 식사

07 커피

카 페이
咖啡 kāfēi

문장

我每天早上喝**咖啡**。 저는 매일 아침 커피를 마십니다.
Wǒ měitiān zǎoshang hē kāfēi.

문법

每天早上 (měitiān zǎoshang)는 '매일 아침'을 의미하는 시간 표현입니다. 시간 표현은 (시간) + (주어) + (동사)의 구조나 (주어) + (시간) + (동사)의 구조로 사용되며, 그 이외 **每天下午** (měitiān xiàwǔ) '매일 오후', **每天晚上** (měitiān wǎnshang) '매일 저녁', **每天半夜** (měitiān bànyè) '매일 한밤중'의 표현도 알아두세요.

예 他每天早上跑步。 그는 매일 아침 조깅을 합니다.
Tā měitiān zǎoshang pǎobù.

단어 每天 (měitiān) 매일 / 早上 (zǎoshang) 아침 / 喝 (hē) 마시다

 맥주

피 지우
啤酒 píjiǔ

문장

我们喝啤酒庆祝。 우리는 맥주를 마시며 축하합니다.
Wǒmen hē píjiǔ qìngzhù.

문법

庆祝 (qìngzhù)는 '축하하다'라는 의미의 동사로, 기념할 사건이나 행사를 나타내며, 주로 (사람) + 庆祝 + (사건/행사)의 형식으로 활용됩니다. 특히 庆祝는 결혼식, 기업 행사와 같은 공식적/집단적 축하 상황에 사용되지만, 동일한 의미의 祝贺 (zhùhè)는 개인적으로 축하할 때 사용합니다.

예 他们庆祝结婚纪念日。 그들은 결혼 기념일을 축하합니다.
　　Tāmen qìngzhù jiéhūn jìniànrì.

 我们 (wǒmen) 우리 / 喝 (hē) 마시다 / 庆祝 (qìngzhù) 축하하다

09 과일

쉐이 궈
水果 shuǐguǒ

문장

我喜欢吃新鲜的水果。 저는 신선한 과일을 먹는 것을 좋아합니다.
Wǒ xǐhuan chī xīnxiān de shuǐguǒ.

문법

기본 문장에 활용된 된 的(de)는 주로 명사 앞에 위치하여 명사를 수식하는 관형어로 사용됩니다. 的앞에는 명사나 대명사, 형용사나 동사가 올 수 있으며 한국어 조사로 '~의, ~한'이라고 해석될 수 있습니다.

예) **这是我妈妈做的蛋糕。** 이것은 우리 엄마가 만든 케이크입니다.
　　Zhè shì wǒ māma zuò de dàngāo.

 新鲜 (xīnxiān) 신선한 / **的** (de) 소유격이나 수식을 나타내는 조사

10 설탕

糖 táng (탕)

문장

请给我一些糖。 제게 설탕 좀 주세요.
Qǐng gěi wǒ yìxiē táng.

문법

请给 (qǐng gěi)는 请 + 给 + [받는 사람] + [물건]의 형식으로 사용되며, '~을/를 주세요'라는 공손한 표현입니다. 더불어 一些 (yìxiē)는 '약간의, 조금'의 뜻으로, 불특정 수량을 강조할 때 사용되나 구어체에서는 생략 가능합니다.

예) **请给我水。** 물 좀 주세요.
Qǐng gěi wǒ shuǐ.

 请 (qǐng) 부탁하다, 제발 / 给 (gěi) 주다 / 一些 (yìxiē) 조금, 일부

11 빵·전병

饼 bǐng
빙

문장

我早餐吃饼。 저는 아침 식사로 빵을 먹습니다.
Wǒ zǎocān chī bǐng.

문법

早餐吃 (zǎocān chī)는 '아침 식사로 ~을 먹다'라는 의미로 (시간) + (동사) + (명사)의 구조로 사용됩니다. 추가로 饼 (bǐng)는 일반적으로 '빵'이라 할 수 있지만, 중국식 전병이나 팬케이크의 의미에 더 가깝습니다. 파전은 葱油饼 (cōng yóubǐng)라고 합니다.

예 **他早餐吃麦片。** 그는 아침에 시리얼을 먹습니다.
Tā zǎocān chī màipiàn.

단어 早餐 (zǎocān) 아침 식사 / 吃 (chī) 먹다

죽

조우
粥 zhōu

문장

我的早餐是粥。 저의 아침식사는 죽입니다.
Wǒ de zǎocān shì zhōu.

문법

是 (shì)는 '~이다'라는 의미의 동사로, 주어와 명사 사이에 위치하여 둘 사이를 자연스럽게 연결해줍니다. 만약 '~이 아니다'라는 부정을 하고자 한다면, **不是** (bú shì)라고 말하면 됩니다. 참고로 不 (bù)는 4성 앞에서 2성으로 발음됩니다.

예) **这是我的书。** 이것은 나의 책입니다.
Zhè shì wǒ de shū.

단어 **我的** (wǒ de) 나의, 저의 / **早餐** (zǎocān) 아침식사 / **是** (shì) ~이다

13 식사

찬
餐 cān

문장

我们一起吃晚餐吗? 우리 함께 저녁 식사를 할까요?
Wǒmen yìqǐ chī wǎncān ma?

문법

평서문을 의문문으로 변환할 때 문장 끝에 **吗** (ma)를 넣으면 되며, Yes or No의 질문시 사용됩니다. 다만 **你去哪里?** (Nǐ qù nalǐ?) '넌 어디 가?'와 같이 의문사 **哪里** (nalǐ) '어디'가 있을 경우 **吗** (ma)를 중복하여 사용하지 않습니다.
예 你去哪里吗?(X)

예 **你好吗?** 안녕하세요?
   Nǐ hǎo ma?

 一起 (yìqǐ) 함께 / **吃** (chī) 먹다 / **晚餐** (wǎncān) 저녁 식사 /
吗 (ma) 의문문을 나타내는 말끝 조사

14 두부

또우 푸
豆腐 dòufu

문장

我做豆腐了。 저는 두부 요리를 만들었습니다.
Wǒ zuò dòufu le.

문법

做了 (zuò le)는 '~을 만들었다/했다'라는 특정 행동을 완료했음을 나타내는 구문입니다.

예) 我做蛋糕了。 저는 케이크를 만들었습니다.
　　 Wǒ zuò dàngāo le.

단어

做了 (zuò le) 만들었다 / 豆腐 (dòufu) 두부 요리

15 두유

또우 지앙

豆浆 dòujiāng

문장

我早上喝豆浆。 저는 아침에 두유를 마십니다.
Wǒ zǎoshang hē dòujiāng.

문법

喝 (hē)는 '마시다'라는 의미의 동사로, 음료나 술 등 액체 섭취를 나타내며, 吃 (chī) '먹다'는 고체 음식인 밥, 빵 등에 사용됩니다. 참고로 豆浆은 우리 나라의 두유보다는 조금 더 묽어 콩물에 가까우며 중국인들이 아침식사에 곁들여 자주 마시는 음료입니다.

예 **他喝水。** 그는 물을 마십니다.
　Tā hē shuǐ.

  喝 (hē) 마시다

memo

학습 점검

※ 배운 내용을 확인해 보세요.

01 "米 (mǐ)"의 뜻은 무엇인가요?

a) 빵　　　　　　　　b) 과자

c) 쌀　　　　　　　　d) 죽

02 아래 제시되는 단어를 활용하여 중국어로 만들어보세요.

우리말　저는 계란을 좋아합니다.

단어　鸡蛋 (jīdàn)

중국어　_____ .

03 아래 빈칸에 보기를 넣어 큰 소리로 말해보세요.

보기　　辣 (là)　　　　甜 (tián)

这个汤很 _____ 。

이 국은 매우 _____ 입니다.

04 "面 (miàn)"는 한국어로 무엇을 의미하나요?

a) 밥

b) 면, 국수

c) 죽

d) 음료수

05 아래 제시되는 단어를 활용하여 중국어로 만들어보세요.

우리말 저는 **소스** 없이 먹고 싶습니다.

단어 酱 (jiàng)

중국어 _____.

06 아래 빈칸에 보기를 넣어 큰 소리로 말해보세요.

보기 米 (mǐ)   馒头 (mántou)

我不想吃 _____ 。

나는 _____ 먹고 싶지 않습니다.

정답 **01** c) **02** 我喜欢吃鸡蛋。 **04** b) **05** 我想吃没有酱的。

03

쇼핑하기

가격 문의, 제품 설명, 흥정 등 쇼핑 과정에서 필요한 표현을 자연스럽게 익힐 수 있습니다. 한국어와 유사한 발음을 활용하여 단어 암기를 돕고, 쇼핑 장면에서 바로 사용이 가능한 예문을 통해 표현을 바로 실전에 활용할 수 있습니다. 문법 설명과 함께 다양한 응용 문장을 학습하며 쇼핑 관련 어휘력과 표현력을 확장할 수 있습니다.

신발

시에 즈
鞋子 xiézi

문장

我买了一双新鞋子。 저는 새 신발 한 켤레를 샀습니다.
Wǒ mǎi le yì shuāng xīn xiézi.

문법

一双 (yì shuāng)는 '한 켤레'를 의미하는 수량사로 쌍을 이루는 물건인 신발, 양말, 장갑, 귀걸이 등에 사용합니다. 비슷한 표현으로 对 (duì)는 독립적인 두 개의 개체가 짝을 이루는 것을 표현하여 一对夫妻 (yíduì fūqī) '한 쌍의 부부'와 같이 활용됩니다.

예) **我有一双手套。** 저는 장갑 한 켤레가 있습니다.
　　Wǒ yǒu yì shuāng shǒutào.

단어

买了 (mǎi le) 샀다 / 一双 (yì shuāng) 한 켤레의 / 新 (xīn) 새로운

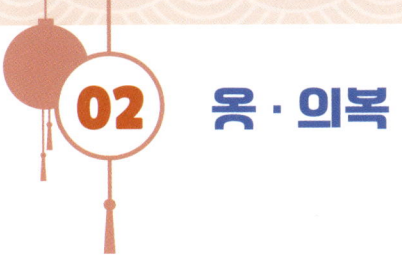 02 옷·의복

衣服 yīfu
이 푸

문장

这件衣服很漂亮。 이 옷은 진짜 예쁩니다.
Zhè jiàn yīfu hěn piàoliang.

문법

件 (jiàn)는 옷을 세는 단위인 수량사로 옷 한 벌을 나타내며, 一件衬衫 (yí jiàn chènshān) '셔츠 한 벌', 三件外套 (sān jiàn wàitào) '코트 세 벌'처럼 활용됩니다. 참고로 条 (tiáo)는 바지, 치마, 스카프 등 길고 가는 옷에, 顶 (dǐng)는 모자에, 双 (shuāng)는 신발, 양말 등 쌍으로 된 것에 사용합니다.

예 **我买了两件T恤。** 저는 티셔츠 두 벌을 샀습니다.
Wǒ mǎi le liǎng jiàn T-xù.

 这 (zhè) 이 / 件 (jiàn) [옷에 대한 수량사] / 漂亮 (piàoliang) 예쁘다

03 모자

마오 즈
帽子 màozi

문장

我的帽子是蓝色的。 내 모자는 파란색입니다.
Wǒ de màozi shì lán sè de.

문법

的는 보통 뒤에 명사나 대명사를 써서 수식어와 피수식어를 연결해주는 역할이지만 이 문장에서는 앞에 오는 성분(형용사, 구, 절 등)을 명사처럼 바꾸는 기능을 합니다. 뒤에 나올 명사를 생략하고 '~한 것', '~한 사람'처럼 문장에서 명사 역할을 합니다.

예 **这是我妈妈做的饼干。** 이것은 우리 엄마가 만든 쿠키입니다.
    Zhè shì wǒ māma zuò de bǐnggān.

 我的 (wǒ de) 나의 / 是 (shì) ~이다 / 蓝色 (lán sè) 파란색 /
的 (de) [수식어를 나타내는 조사]

 꽃병

화 핑
花瓶 huāpíng

문장

桌子上有一个花瓶。 책상 위에 꽃병 하나가 있습니다.
Zhuōzi shàng yǒu yí ge huāpíng.

문법

有 (yǒu)는 '있다'라는 뜻으로 기본 문장은 존재의 의미로 사용되었으며, 我有钱。(Wǒ yǒu qián) '나 돈 있어.'와 같이 소유의 개념으로도 활용됩니다.

예 **我有一辆车。** 저는 차 한 대가 있습니다.
Wǒ yǒu yí liàng chē.

 桌子 (zhuōzi) 책상 / 上 (shàng) 위 / 有 (yǒu) 있다 / 一个 (yí ge) 한 개의

05 가구

지아 쥐
家具 jiājù

문장

我们家的家具很现代。 우리 집 가구는 매우 현대적입니다.
Wǒmen jiā de jiājù hěn xiàndài.

문법

的 (de)는 소유를 나타내는 조사로, 소유관계나 특성을 설명할 때 사용합니다.
참고로 的는 명사 수식 – **快乐的孩子** (kuàilè de háizi) '행복한 아이' – 하는데 주로 사용되며, 地 (de)는 동사 수식 – **开心地笑** (kāixīn de xiào) '즐겁게 웃다' – ,
得 (de)는 동사를 보충 – **跑得快** (pǎo de kuài) '빨리 달리다' – 하는데 활용됩니다.

예 **我喜欢看的是科幻电影。** 제가 좋아하는 것은 SF 영화입니다.
Wǒ xǐhuan kàn de shì kēhuàn diànyǐng.

 我们 (wǒmen) 우리 / 家 (jiā) 집 / 的 (de) [소유를 나타내는 조사] /
现代 (xiàndài) 현대적인

06 화장품

화 장 핀
化妆品 huàzhuāngpǐn

문장

她喜欢买化妆品。 그녀는 화장품을 사는 것을 좋아합니다.
Tā xǐhuan mǎi huàzhuāngpǐn.

문법

买 (mǎi)는 '사다'는 표현으로 뒤에 명사와 결합하여 '~을 사다'로 사용됩니다. 그와 반대로 卖 (mài)는 '팔다'라는 단어도 있습니다. 중국어 한자도 비슷하지만 발음도 유사합니다. 买 (mǎi)는 3성이며, 卖 (mài)는 4성으로 처음에는 강하게 끝은 음을 내리며 발음합니다.

예 **我昨天买了一台电脑。** 나는 어제 컴퓨터를 한 대 샀습니다.
Wǒ zuótiān mǎi le yì tái diànnǎo.

 她 (tā) 그녀 / 喜欢 (xǐhuan) 좋아하다 / 买 (mǎi) 사다

07 시계

중
钟 zhōng

문장

墙上挂着一只钟。 벽에 시계가 걸려 있습니다.
Qiáng shàng guàzhe yī zhī zhōng.

문법

挂着 (guàzhe)는 '걸려 있다'라는 동작의 지속적인 상태(계속 걸려 있는 상태, 계속 놓여 있는 상태 등)를 나타냅니다. 예를 들어 '그는 계속 앉아 있는 상태이다'라는 의미로 他坐着 (tā zuò zhe)와 어느 특정 시점에 완료된 他坐下了 (tā zuòxià le) '그는 앉았다'를 구분해서 사용해보세요.

예 窗户上挂着窗帘。 창문에 커튼이 걸려 있습니다.
　　Chuānghu shàng guàzhe chuānglián.

단어 墙 (qiáng) 벽 / 上 (shàng) 위 / 挂着 (guàzhe) 걸려 있다 /
　　一只 (yì zhī) 한 개의 [시계, 동물 등에 쓰이는 수량사]

08 안경

엔 징
眼镜 yǎnjìng

문장

我找不到我的眼镜了。 저는 제 안경을 찾을 수 없습니다.
Wǒ zhǎo bu dào wǒ de yǎnjìng le.

문법

找不到 (zhǎo bu dào)는 (동사) + 不 + (보어)의 형태로 '(동사)를 ~하지 못하다'라는 의미로 사용됩니다. 找不到를 자연스럽게 번역을 하면 '못 찾아', '찾을 수가 없어'인데, '못 찾게 되었어', '사라졌어'로 말하고 싶다면, 문장 뒤에 완료/변화의 뉘앙스인 了를 써서 找不到了 (zhǎo bú dào le)라고 할 수 있습니다.

예 **他找不到钥匙了。** 그는 열쇠를 찾을 수 없습니다.
Tā zhǎo bu dào yàoshi le.

 找不到 (zhǎo bu dào) 찾을 수 없다 / 了 (le) 완료나 변화를 나타내는 말끝 조사

09 선물

리 우
礼物 lǐwù

문장

这是给你的礼物。 이것은 너에게 주는 선물이다.
Zhè shì gěi nǐ de lǐwù.

문법

给...的 (gěi...de)는 '...에게 주는/위한'이라는 뜻으로 수령자를 강조하는 의미로 사용되며, 给 + (수령자) + 的 + (명사)의 형식으로 활용됩니다. 비슷한 표현으로 为...的 (wèi...de) '~를 위한'라는 것도 있습니다.

예) 这是给妈妈的花。이것은 엄마에게 드리는 꽃입니다.
　　Zhè shì gěi māma de huā.

 这 (zhè) 이것 / 是 (shì) ~이다 / 给 (gěi) 주다 / 你的 (nǐ de) 너의

10 장난감

玩具 wánjù
(완 쥐)

문장

孩子们喜欢这些玩具。 아이들은 이 장난감들을 좋아합니다.
Háizimen xǐhuan zhèxiē wánjù.

문법

这些 (zhèxiē)는 복수 형태의 명사나 대명사 앞에서 '이들'이나 '이것들'을 의미하는 가까이 있는 복수 대상을 지칭하는 지시사입니다. 가까이 있는 것이 아닌 멀리 있는 복수를 지칭할 때는 那些 (nàxiē)를 사용하며, 단수를 지칭할 때는 这个 (zhège)를 활용합니다.

예) **这些书很有趣。** 이 책들은 매우 흥미롭습니다.
Zhèxiē shū hěn yǒuqù.

 孩子们 (háizimen) 아이들 / 喜欢 (xǐhuan) 좋아하다 / 这些 (zhèxiē) 이들, 이것들

61

11 운동화

^원 ^동 ^{시에}
运动鞋 yùndòngxié

문장

我穿新运动鞋去跑步。 저는 새 운동화를 신고 조깅하러 갑니다.
Wǒ chuān xīn yùndòngxié qù pǎobù.

문법

穿 (chuān)은 '신다'나 '입다'라는 의미의 동사로, 옷이나 신발을 착용하는 행동을 나타냅니다. 옷/신발 등에는 穿를 사용하지만, 액세서리 착용할 때는 **戴帽子 (dàimàozi)** '모자 쓰다', **戴手表 (dài shǒubiǎo)** '시계 차다'처럼 戴 (dài)을 사용합니다.

예 他穿蓝色衬衫。 그는 파란색 셔츠를 입고 있습니다.
Tā chuān lán sè chènshān.

 穿 (chuān) 신다, 입다 / 新的 (xīn de) 새로운 / 去 (qù) 가다 / 跑步 (pǎobù) 조깅하다

12 이어폰

얼 지
耳机 ěrjī

문장

我用耳机听音乐。 저는 이어폰으로 음악을 듣습니다.
Wǒ yòng ěrjī tīng yīnyuè.

문법

用 (yòng)은 도구, 방법, 수단을 강조하기 위해 '~로, 사용하여'라는 의미의 활용됩니다. 통상 (주어) + 用 + (도구) + (동작) 형태로 표현하여 '(주어)로 (도구)을/를 (동작)합니다.'라고 말할 수 있습니다. 用은 일상적이고 비격식적인 표현에 사용되며, 공식적/기술적 맥락에서는 使用 (shǐyòng)라고 합니다.

예 **我用电脑工作**。 저는 컴퓨터로 일합니다.
  Wǒ yòng diànnǎo gōngzuò.

단어 用 (yòng) 사용하다 / 听 (tīng) 듣다 / 音乐 (yīnyuè) 음악

향수

시앙 쉐이
香水 xiāngshuǐ

문장

她喜欢这款香水。 그녀는 이 향수 모델을 좋아합니다.
Tā xǐhuan zhè kuǎn xiāngshuǐ.

문법

这款 (zhè kuǎn)은 '이 종류/모델의, 이 디자인의'라는 뜻으로 사용됩니다. 특정 제품이나 스타일을 강조할 때는 款 (kuǎn)을 활용하지만, 특정하지 않고 일반적인 종류일 경우에는 这种 (zhèzhǒng) '이런 종류, 이와 같은'처럼 말하는 种 (zhǒng)를 사용합니다.

예 **这款手机很流行。** 이 모델의 휴대폰은 매우 인기가 있습니다.
　　Zhè kuǎn shǒujī hěn liúxíng.

단어

喜欢 (xǐhuan) 좋아하다 / 这款 (zhè kuǎn) 이 종류의

14 유화

요 화
yóuhuà

문장

这幅油画非常美丽。 이 유화는 매우 아름답습니다.
Zhè fú yóuhuà fēicháng měilì.

문법

幅 (fú)는 그림이나 대형 종이 등을 세는 단위의 수량사로, 그림, 벽걸이 등 '몇 점'과 같이 말할 때 사용합니다. '점'이 아닌 '한 장, 두 장' 등의 표현으로는 张 (zhāng)를 사용합니다. '종이 한 장'은 一张纸 (yì zhāngzhǐ)으로 쓰며, 발음은 우리나라 말처럼 (장)과 유사합니다.

예 他有三幅画。 그는 그림 세 점을 가지고 있습니다.
Tā yǒu sān fú huà.

 这 (zhè) 이 / 幅 (fú) [그림에 대한 수량사] / 非常 (fēicháng) 매우 /
美丽 (měilì) 아름답다

15 의자

椅子 yǐzi
(이) (즈)

문장

我坐在椅子上。 저는 의자에 앉습니다.
Wǒ zuò zài yǐzi shàng.

문법

坐在 (zuò zài)는 '~에 앉다'라는 의미로 (주어) + 坐 + 在 + (장소)의 형태로 사용합니다. 예를들어 '바닥에 앉다'는 **坐在地上** (zuò zài dìshang), '침대에 앉다'는 **坐在床上** (zuò zài chuáng shang) 입니다. 坐在는 동일한 뜻의 在...上坐下 (zài...shàng zuòxià)는 조금 더 문어체/격식체에 가깝습니다.

예) **他坐在沙发上。** 그는 소파에 앉습니다.
Tā zuò zài shāfā shàng.

 我 (wǒ) 나, 저 / 在 (zài) ~에 / 坐下 (zuò xià) 앉다

학습 점검

※ 배운 내용을 확인해 보세요.

01 "衣服(yīfu)"의 뜻은 무엇인가요?

a) 신발 b) 모자

c) 옷 d) 가방

02 아래 제시되는 단어를 활용하여 중국어로 만들어보세요.

우리말 이 모자를 사고 싶습니다.

단어 帽子 (màozi)

중국어 _____.

03 아래 빈칸에 보기를 넣어 큰 소리로 말해보세요.

보기 眼镜 (yǎnjìng) 鞋子 (xiézi)

我需要买新的_____。

나는 새 _____ 을(를) 사야 합니다.

04 "化妆品 (huàzhuāngpǐn)"은 한국어로 무엇을 의미하나요?

a) 화장품 b) 가구

c) 장난감 d) 의류

05 아래 제시되는 단어를 활용하여 중국어로 만들어보세요.

우리말 나는 **가구**를 더 보고 싶어요.

단어 家具 (jiājù)

중국어 _____ .

06 아래 빈칸에 보기를 넣어 큰 소리로 말해보세요.

보기 大 (dà)   小 (xiǎo)

这双鞋子太 _____ 了。

이 신발은 너무 _____ 입니다.

정답 **01** c) **02** 我想买这顶帽子。 **04** a) **05** 我想看更多家具。

04

여행 및 관광

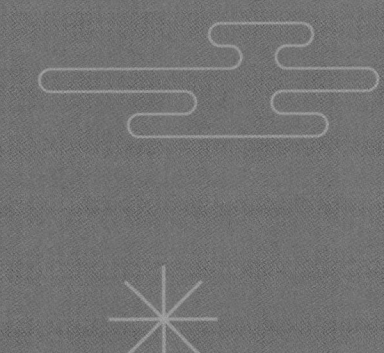

상황별 학습

교통수단 이용, 관광지 질문, 일정 안내 등 여행 상황에 맞춘 실용 표현을 익힐 수 있습니다. 발음이 익숙한 단어를 통해 어휘를 빠르게 익히고, 여행 중에 바로 활용할 수 있는 예문으로 실용성 높은 학습이 가능합니다. 각 문장의 문법 포인트와 추가 예문을 통해 중국 여행에 필요한 언어 능력을 기를 수 있습니다.

 지도

띠 투
地图 dìtú

🔴 문장

我们需要一张地图。 우리는 지도 한 장이 필요합니다.
Wǒmen xūyào yì zhāng dìtú.

🟢 문법

需要 (xūyào)는 뒤에 (명사 / 동사)를 바로 연결하여 '~이/가 필요하다'의 뜻으로 필요성을 강조하는 핵심 동사로 사용됩니다. 부정문은 **不需要** (bù xūyào), 의문문은 **需要...吗?** (xūyào...ma)로 활용할 수 있습니다.

📌 **在中国坐高铁需要身份证。** 중국에서 고속철도 탈 때 신분증이 필요합니다.
Zài Zhōngguó zuò gāotiě xūyào shēnfènzhèng.

 需要 (xūyào) 필요하다 / 一张 (yì zhāng) 한 장의 [종이류에 쓰이는 수량사]

02 숙소 · 호텔

뤼 관
旅馆 lǚguǎn

문장

我在这家旅馆住了三天。 저는 이 호텔에서 3일 동안 머물렀습니다.
Wǒ zài zhè jiā lǚguǎn zhù le sān tiān.

문법

住在 (zhù zài) + (장소) + 住了 (zhù le) + (시간)는 과거 완료된 동작을 나타낼 때 住了를 사용하며, 了 (le)는 동사 뒤에 위치하여 완료를 강조합니다.
추가 시간 표현은 항상 동사 뒤에 위치합니다.

예 住了三天 (zhù le sāntiān) '3일 동안 머물렀다', 住了一周 (zhù le yìzhōu) '일주일 동안 머물렀다' 한국어 어순과 다르므로 주의가 필요합니다.

예 他在朋友家住了一周。그는 친구 집에서 일주일 동안 머물렀습니다.
Tā zài péngyou jiā zhù le yī zhōu.

단어

在 (zài) ~에 / 这家 (zhè jiā) 이 [장소에 대한 수량사] / 住了 (zhù le) 머물렀다 /
三天 (sān tiān) 3일

03 표 · 입장권

피아오
票 piào

문장

我买了电影票。 저는 영화 티켓 한 장을 샀습니다.
Wǒ mǎi le diànyǐng piào.

문법

买了 (mǎi le)는 과거에 완료된 구매를 나타내는 표현이며, 기본 문장에서 买 + 了 + (목적어) 형식으로 사용되었습니다. 그리고 중국어는 一张电影票 (yī zhāng diànyǐng piào) '영화 티켓 한 장'처럼 명사 앞에 양사를 필수적으로 사용합니다. 다만, 문맥이 명확하면 기본 문장과 같이 양사는 생략할 수 있습니다.

예 **我买了新手机。** 저는 새 휴대폰을 샀습니다.
Wǒ mǎi le xīn shǒujī.

 买了 (mǎi le) 샀다 / 电影 (diànyǐng) 영화

 **바다**

하이
海 hǎi

문장

我们去海边散步。 우리는 바닷가에서 산책합니다.
Wǒmen qù hǎibiān sànbù.

문법

散步 (sànbù)는 '산책하다'라는 의미의 동사로, 去 + (장소) + (동사) 구문으로 활용되었습니다. 첫 번째 동작(去)이 두 번째 동작(散步)의 목적지/방향을 나타내며, 한국어는 "~가서 산책하다"처럼 연결 어미(-아서)를 사용하지만, 중국어는 동사를 나열합니다. 또한 散步 (sànbù)는 4성(sàn) + 4성(bù)이지만 발음할 경우, 첫 번째 4성은 강하지 않고 짧고 가볍게 발음합니다.

예 **她在公园散步。** 그녀는 공원에서 산책합니다.
Tā zài gōngyuán sànbù.

 去 (qù) 가다 / 海边 (hǎibiān) 바닷가 / 散步 (sànbù) 산책하다

05 산

샨
山 shān

문장

我们爬山去了。 우리는 산에 등산하러 갔습니다.
Wǒmen pá shān qù le.

문법

去了 (qù le)는 과거의 완료된 행동을 나타내는 표현으로 사용됩니다. 了 (le)는 위치에 따라 의미 차이가 있습니다. 동사 + 了는 특정 동작의 완료를 강조하며, 문장 끝 + 了의 경우 전체 사건의 완료 또는 변화를 강조합니다. 예를 들어 **我吃饭了** (Wǒ chī fàn le) '밥 먹었어요.'와 **我吃了饭。**(Wǒ chī le fàn.) '밥을 먹었어요.'를 비교해 보세요.

예 **学校他去学校了。** 그는 학교에 갔습니다.
　　Tā qù xuéxiào le.

단어 **爬** (pá) 오르다 / **去了** (qù le) 갔다

76

06 공원

꽁 위앤
公园 gōngyuán

문장

公园里有很多花。 공원에는 많은 꽃이 있습니다.
Gōngyuán lǐ yǒu hěn duō huā.

문법

기본 문장은 (장소) + 里 (lǐ) + 有 (yǒu) + (사물)의 형식으로 사용되었습니다. 里는 구체적인 공간(가방, 방, 공원 등)에 사용되며, 추상적인 장소(도시, 국가 등)에는 사용하지 않습니다. 또한 '~안'이라고 번역할 수 있지만 자연스럽게 생략할 수 있습니다.

예 공원 (안)에는, 가방 (안)에

예 书包里有笔。 책가방 안에 펜이 있습니다.
Shūbāo lǐ yǒu bǐ.

 里 (lǐ) 안에 / 有 (yǒu) 있다 / 很多 (hěn duō) 많은 / 花 (huā) 꽃

07 박물관

博物馆 bówùguǎn
(보우구안)

문장

我们去博物馆看展览。 우리는 박물관에 전시회를 관람하러 갑니다.
Wǒmen qù bówùguǎn kàn zhǎnlǎn.

문법

看 (kàn)은 '보다'라는 의미의 동사입니다. 다만, 항상 '보다'로 번역하지 않고 **看展览** (kàn zhǎnlǎn) '관람하다', **看书** (kàn shū) '책을 읽다'처럼 문맥에 맞게 번역합니다. 또한 한국어에서는 'TV를 보다'처럼 (목적어) + (동사)의 어순이지만, 중국어는 (동사) **看** (kàn) + (목적어) **电视** (diànshì)로 사용합니다.

 他在看电视。 그는 TV를 보고 있습니다.
Tā zài kàn diànshì.

단어 去 (qù) 가다 / 看 (kàn) 보다 / 展览 (zhǎnlǎn) 전시회

 **08 경치**

징 쓰어
景色 jǐngsè

문장

这里的景色很美。 여기 경치는 매우 아름답습니다.
Zhèlǐ de jǐngsè hěn měi.

문법

的 (de)는 소유나 관계를 나타낼 때는 **我的车** (wǒ de chē) '내 차'와 같이 명사간 연결을 하는데 사용되며, **漂亮的衣服** (piàoliang de yīfu) '예쁜 옷'처럼 형용사, 구, 절을 명사에 연결할 때에도 사용됩니다.

예 **我的车很新。** 제 차는 매우 새롭습니다.
　　Wǒ de chē hěn xīn.

 这里 (zhèlǐ) 여기 / 的 (de) [소유나 특성을 나타내는 조사] / 很 (hěn) 매우 / 美 (měi) 아름답다

09 미술관

美术馆 měishùguǎn
메이 슈 관

문장

美术馆展出了许多画作。 미술관에서 많은 그림들을 전시했습니다.
Měishùguǎn zhǎnchū le xǔduō huàzuò.

문법

展出 (zhǎnchū)는 '전시하다'라는 의미의 동사로, 뒤에 了 (le)와 연결하여 '전시했다' (과거 완료) 또는 '전시되어 있다' (결과)의 의미가 되기도 합니다. 또한 出 (chū)는 '밖으로 내보이다'라는 뉘앙스로 展出는 '전시하여 공개하다'인데, 展示 (zhǎnshì)는 단순히 '전시하다'라는 의미입니다.

예 他们在展出新作品。 그들은 새로운 작품들을 전시하고 있습니다.
Tāmen zài zhǎnchū xīn zuòpǐn.

단어 展出 (zhǎnchū) 전시하다 / 了 (le) [완료나 변화를 나타내는 말끝 조사] /
许多 (xǔduō) 많은 / 画作 (huàzuò) 그림들

관광하다

观光 guānguāng
(관광)

문장

我们去巴黎观光。 우리는 파리에 관광하러 갑니다.
Wǒmen qù Bālí guānguāng.

문법

去 (qù)는 '가다'라는 의미의 동사로 去 + (장소) + (동사/명사) 형식으로 사용되었으며, 去 뒤에 전치사 '~에/~에서'의 의미인 到 (dào)는 생략합니다.
예 去巴黎 (O)　去到巴黎 (X)

예 **他去市场。** 그는 시장에 갑니다.
　　Tā qù shìchǎng.

 去 (qù) 가다 / 巴黎 (Bālí) 파리

11 찻집

차 관
茶馆 cháguǎn

문장

我们在茶馆休息。 우리는 찻집에서 쉬고 있습니다.
Wǒmen zài cháguǎn xiūxi.

문법

休息 (xiūxi)은 '휴식하다'라는 의미의 동사로, 한국어 발음으로는 '시우시'에 가깝게 발음합니다. 주의할 사항은 休 (xiū)의 1성을 고평조로 명확히 유지해야 합니다.

예 **他在家休息。** 그는 집에서 쉽니다.
Tā zài jiā xiūxi.

단어 在 (zài) ~에 / 休息 (xiūxi) 휴식하다

 12 은행

银行 yínháng
인 항

문장

我在银行取钱。 저는 은행에서 돈을 인출합니다.
Wǒ zài yínháng qǔ qián.

문법

取 (qǔ)는 기본적으로 '취하다, 가져오다'라는 뜻을 지닌 동사로, 문맥에 따라 '인출하다'로 해석됩니다. **取钱** (qǔ qián) '돈을 인출하다', **取行李** (qǔ xíngli) '짐을 찾다' 등의 형식으로 사용할 수 있습니다. 추가로 '인출하다'의 반대말로 **存** (cún) '예금하다'이며, '돈을 예금하다'는 **存钱** (cún qián) 입니다.

예 **她从自动取款机取钱。** 그녀는 ATM에서 돈을 인출합니다.
Tā cóng zìdòng qǔkuǎnjī qǔ qián.

 在 (zài) ~에 / 取 (qǔ) 인출하다 / 钱 (qián) 돈

13 주차장

팅 처 창
停车场 tíngchēchǎng

문장

我在停车场找到了我的车。 저는 주차장에서 제 차를 찾았습니다.
Wǒ zài tíngchēchǎng zhǎodào le wǒ de chē.

문법

找到 (zhǎodào)는 '찾아내다'라는 결과를 강조하는 동사구로, 找 (zhǎo) '찾다' + 到 (dào) '도달하다'가 결합된 형태입니다. 예를 들어 找到手机 (zhǎodào shǒujī) '휴대폰을 찾다', 找到答案 (zhǎodào dá'àn) '답을 찾다' 등으로 활용할 수 있습니다.

예 他在包里找到钥匙了。그는 가방 안에서 열쇠를 찾았습니다.
　　Tā zài bāo lǐ zhǎodào yàoshi le.

 找到 (zhǎodào) 찾다 / 了 (le) [완료나 변화를 나타내는 말끝 조사] /
我的 (wǒ de) 나의 / 车 (chē) 차

14 시장

차이 스 창

菜市场 càishìchǎng

문장

周末我们去菜市场买菜。 주말에 우리는 시장에 가서 채소를 삽니다.
Zhōumò wǒmen qù càishìchǎng mǎi cài.

문법

买 (mǎi)는 '사다'라는 의미의 기본적인 구매 행위를 나타내는 동사로, 买 뒤에 목적어로 물건/서비스 등이 필수로 사용됩니다.

예) 买衣服 (mǎi yīfu) '옷을 사다', 买时间 (mǎi shíjiān) '시간을 사다(비유적 표현)'
주로 去 (qù) + (장소) + 买 (mǎi) + (물건) 형태의 패턴으로 자주 쓰입니다.

예) 他买了一些水果。 그는 과일을 좀 샀습니다.
Tā mǎi le yìxiē shuǐguǒ.

 周末 (zhōumò) 주말 / 去 (qù) 가다 / 买 (mǎi) 사다 / 菜 (cài) 채소

15 조명

자오 밍
照明 zhàomíng

문장

这个房间的照明很亮。 이 방의 조명은 매우 밝습니다.
Zhège fángjiān de zhàomíng hěn liàng.

문법

很 (hěn)는 형용사 앞에서 정도를 강조하지만, 실제 의미는 **她很高。(Tā hěn gāo.)** '그녀는 키가 크다.'와 같이 '매우'가 생략되어도 자연스럽습니다. 통상 직역하는 것 보다는 문법적 연결 역할을 하는 경우가 많습니다. 동일한 발음의 狠 (hěn) '모질다'도 있으니 반드시 문맥으로 구분해야 합니다.

예 **他很高兴。** 그는 매우 기쁩니다.
Tā hěn gāoxìng.

 这个 (zhège) 이 / 房间 (fángjiān) 방 / 的 (de) [소유나 특성을 나타내는 조사] / 很 (hěn) 매우 / 亮 (liàng) 밝다

학습 점검

※ 배운 내용을 확인해 보세요.

01 "地图 (dìtú)"의 뜻은 무엇인가요?

a) 가이드북　　　　　b) 지도

c) 사진　　　　　　　d) 기념품

02 아래 제시되는 단어를 활용하여 중국어로 만들어보세요.

우리말　호텔에서 숙박 예약을 하고 싶습니다.

단어　旅馆 (lǚguǎn)

중국어 _____.

03 아래 빈칸에 보기를 넣어 큰 소리로 말해보세요.

보기　　海 (hǎi)　　　山 (shān)

我想去 _____ 。

나는 _____ 에 가고 싶습니다.

04 "公园 (gōngyuán)"은 한국어로 무엇을 의미하나요?

a) 박물관   b) 미술관

c) 공원   d) 도서관

05 아래 제시되는 단어를 활용하여 중국어로 만들어보세요.

우리말 이 박물관은 아주 유명합니다.

단어 博物馆 (bówùguǎn)

중국어 _____.

06 아래 빈칸에 보기를 넣어 큰 소리로 말해보세요.

보기 意思 (yìsi)   贵 (guì)

这个美术馆展览很有 _____ 。

이 미술관 전시는 매우 _____ 합니다.

정답 01 b) 02 我想在旅馆预约住宿。 04 c) 05 这个博物馆非常有名。

89

05

일상 생활

시간, 날씨, 기분, 취미 등의 주제로 일상생활에서 자주 쓰이는 표현을 학습할 수 있습니다. 친숙한 발음을 기반으로 새로운 단어를 자연스럽게 습득하고, 일상적인 상황을 반영한 예문을 통해 표현의 자연스러움과 정확도를 함께 높일 수 있습니다. 문법 설명과 다양한 응용 문장을 통해 표현력을 체계적으로 확장할 수 있습니다.

01 전화

디엔 화
电话 diànhuà

문장

我给你打电话。 저는 당신에게 전화합니다.
Wǒ gěi nǐ dǎ diànhuà.

문법

给 (gěi)는 '~에게'와 같은 행동의 수혜자나 방향을 나타내는 의미의 전치사로, 다른 사람에게 무언가를 하는 행위를 나타낼 때 사용됩니다. 또한 전치사 이외 '주다'라는 동사로도 사용됩니다. 예 **给老师送礼** (gěi lǎoshī sònglǐ) '선생님께 선물을 드리다', **给我钱** (gěi wǒ qián) '나에게 돈을 주다'

예 **我给他一本书。** 나는 그에게 한 권의 책을 줍니다.
Wǒ gěi tā yì běn shū.

단어

给 (gěi) ~에게 / **打** (dǎ) [여기서는 '전화하다'의 의미]

02 냉장고

빙 시앙
冰箱 bīngxiāng

문장

冰箱里有很多食物。 냉장고 안에는 많은 음식이 있습니다.
Bīngxiāng lǐ yǒu hěn duō shíwù.

문법

有 (yǒu)는 '있다'라는 의미로, 존재나 소유를 나타냅니다. 존재를 나타낼 때, (장소) + 有 + (사물/사람) 구조로 사용되며, 소유를 나타낼 때는 (주어) + 有 + (목적어) 구조로 사용됩니다. 有의 부정은 不有가 아닌 没有 (méi yǒu) 입니다.

예) 书包里没有书。 책가방 안에 책이 없습니다.
　　Shūbāo lǐ yǒu shū.

 里 (lǐ) 안에 / 有 (yǒu) 있다 / 很多 (hěn duō) 많은 / 食物 (shíwù) 음식

03 창문

窗户 chuānghu
(창) (후)

문장

他打开了窗户。 그는 창문을 열었습니다.
Tā dǎkāi le chuānghu.

문법

打开 (dǎkāi)는 '열다'라는 뜻으로, 打 (dǎ) '치다' + 开 (kāi) '열리다'가 결합하여 물리적/추상적 대상을 열 때 사용됩니다.
예 **打开电脑** (dǎkāi diànnǎo) '컴퓨터를 켜다', **打开心扉** (dǎkāi xīnfēi) '마음을 열다'
打开와 유사한 의미로 **开启** (kāiqǐ) '개시하다'의 늬앙스를 비교해보세요.

예 **她打开门。** 그녀는 문을 엽니다.
　　Tā dǎkāi mén.

 打开 (dǎkāi) 열다 / 了 (le) [완료나 변화를 나타내는 말끝 조사]

04 등·램프

덩
灯 dēng

문장

晚上我们**需要**开**灯**。 저녁에 우리는 불을 켜야 합니다.
Wǎnshang wǒmen xūyào kāi dēng.

문법

需要 (xūyào)는 '필요하다'라는 의미의 동사로, 주로 물리적/추상적 대상이나 행동의 필요성을 나타냅니다.
需要 + (명사)일 경우 需要钱 (xūyào qián) '돈이 필요하다',
需要 + (동사) 需要学习 (xūyào xuéxí) '공부해야 한다',
需要 + (명사) + (동사) 需要时间去完成 (xūyào shíjiān qù wánchéng) '완수할 시간이 필요하다'로 각 쓰임의 구별이 필요합니다.

예 他需要时间去思考。 그는 생각할 시간이 필요합니다.
Tā xūyào shíjiān qù sīkǎo.

단어 晚上 (wǎnshang) 저녁 / 需要 (xūyào) 필요하다 / 开 (kāi) 켜다

05 침대

창
床 chuáng

문장

我躺在床上。 저는 침대에 누워 있습니다.
Wǒ tǎng zài chuáng shàng.

문법

躺 (tǎng)는 '눕다'라는 의미의 동사로, 신체를 수평으로 눕히는 행위를 의미하며, 구체적인 장소와 함께 사용됩니다. 그 예는 다음과 같습니다.

예 躺在地板 (tǎng zài dìbǎn) '바닥에 눕다', 躺下休息 (tǎng xià xiūxi) '누워서 쉬다'
참고로 躺 (tǎng) + 着 (zhe)가 결합하여 동작 및 상태의 지속을 나타냅니다.

예 她在草地上躺着。 그녀는 잔디밭에 누워 있습니다.
Tā zài cǎodì shàng tǎngzhe.

단어 躺 (tǎng) 눕다 / 在 (zài) ~에

 문

门 mén
먼

문장

门关着。 문은 닫혀 있습니다.
Mén guānzhe.

문법

(동사) + 着는 동작 및 상태의 지속을 나타냅니다. '~하고 있다'라고 해석하면 됩니다.
예 门是开着的。(Mén shì kāizhe de) '문은 열려 있습니다.'

예 我坐着看书。나는 앉아서 책을 봅니다.
Wǒ zuò zhe kàn shū。

 是 (shì) ~이다 / 关着 (guānzhe) 닫혀 있다 / 的 (de) [상태나 특성을 나타내는 조사]

 주방

추 팡
厨房 chúfáng

문장

厨房里很干净。 주방은 매우 깨끗합니다.
Chúfáng lǐ hěn gānjìng.

문법

干净 (gānjìng)은 '깨끗하다'라는 의미의 형용사로, 공간/물건/환경의 청결한 상태를 나타냅니다. 반대말로 '더럽다'는 표현은 脏 (zāng)를 사용하며, **厨房很脏** (Chúfáng hěn zāng) '주방이 매우 더럽다'처럼 활용합니다.

예 我的房间很干净。 제 방은 매우 깨끗합니다.
　　Wǒ de fángjiān hěn gānjìng.

단어 里 (lǐ) 안에 / 很 (hěn) 매우 / 干净 (gānjìng) 깨끗하다

08 화분

화 편
花盆 huāpén

문장

花盆里有**美丽**的花。 화분 안에는 아름다운 꽃이 있습니다.
Huāpén lǐ yǒu měilì de huā.

문법

美丽 (měilì) '아름답다'는 뒤의 명사를 꾸며주는 형용사입니다. 그러나 바로 명사 앞에 사용할 수 없으며, 형용사와 명사 사이에 조사 的 (de)가 필수입니다.
예 美丽花 (X)   美丽的花 (O)
참고로 외모가 '예쁘다'라고 한다면, 漂亮 (piàoliang)을 사용합니다.

예 她画了一幅美丽的画。 그녀는 아름다운 그림을 그렸어요.
Tā huà le yì fú měilì de huà.

 里 (lǐ) 안에 / 有 (yǒu) 있다 / 美丽 (měilì) 아름답다 /
的 (de) [상태나 특성을 나타내는 조사] / 花 (huā) 꽃

99

09 난방기

暖气 nuǎnqì
(누안 치)

문장

冬天我们需要开暖气。 겨울에 우리는 난방기를 켜야 합니다.
Dōngtiān wǒmen xūyào kāi nuǎnqì.

문법

开 (kāi)는...
1. '켜다'라는 의미의 동사로 '전등, TV, 난방' 등을 켤 때 사용됩니다.
   예) 开灯 (kāi dēng) 불을 켜다, 开空调 (kāi kōngtiáo) 에어컨을 켜다
2. 추상적 의미의 확장으로도 사용할 수 있습니다.
   예) 开始 (kāishǐ) 시작하다, 开车 (kāichē) 차를 운전하다
3. '열다'의 의미로 사용되어 开门 (kāi mén) '문을 열다' 등과 같이 활용됩니다.

예) 他开电视了。 그는 TV를 켰습니다.
Tā kāi diànshì le.

단어 冬天 (dōngtiān) 겨울 / 需要 (xūyào) 필요하다 / 开 (kāi) 켜다

10 공기청정기

空气净化器 kōngqì jìnghuàqì
_{콩 치 징 화 치}

문장

我的房间里有空气净化器。 제 방에는 공기청정기가 있습니다.
Wǒ de fángjiān lǐ yǒu kōngqì jìnghuàqì.

문법

的 (de)는 명사 앞에 쓰여 소유/관계를 나타내는 조사이며, (명사/대명사/형용사/동사) + 的 + (명사) 구조로 사용되어 명사를 수식하기 위해 활용됩니다.

예 我的书 (wǒ de shū) 나의 책, 他的朋友 (tā de péngyou) 그의 친구
　 漂亮的衣服 (piàoliang de yīfu) 예쁜 옷

예 这是谁的书? 이것은 누구의 책입니까?
　 Zhè shì shéi de shū?

 我的 (wǒ de) 나의 / 房间 (fángjiān) 방 / 里 (lǐ) 안에 / 有 (yǒu) 있다

11 난로

누안 루
暖炉 nuǎnlú

문장

我们家的暖炉很温暖。 우리 집의 난로는 매우 따뜻합니다.
Wǒmen jiā de nuǎnlú hěn wēnnuǎn.

문법

기본 문장에서 暖炉温暖 (nuǎnlú wēnnuǎn)는 (명사) + (형용사) 구조로된 형용사의 서술적 기능의 형태입니다. 天气温暖 (tiānqì wēnnuǎn) '날씨가 따뜻하다', 人心温暖 (rénxīn wēnnuǎn) '마음이 따뜻하다', 阳光温暖 (yángguāng wēnnuǎn) '햇빛이 따뜻하다'처럼 활용할 수 있습니다.

예) 这个毛毯很温暖。 이 담요는 따뜻합니다.
　　Zhège máotǎn hěnwēnnuǎn.

 我们 (wǒmen) 우리 / 家 (jiā) 집 / 的 (de) [소유나 특성을 나타내는 조사] / 温暖 (wēnnuǎn) 따뜻하다

12 장식품

装饰品 zhuāngshìpǐn
(쟝 스 핀)

문장

这些装饰品**很漂亮。** 이 장식품들은 매우 예쁩니다.
Zhèxiē zhuāngshìpǐn hěn piàoliang.

문법

这些 (zhèxiē)는 '이것들'의 의미로 가까이 있는 여러 대상을 가리키는 복수 지시대명사이며, 단수는 这个 (zhège) '이것' 입니다. 발음은 这 (zhè) 4성 + 些 (xiē) 1성인데, 연음 시 (zhèi xiē) 처럼 발음되기도 합니다.

예) **这些**书都很有趣。 이 책들은 모두 매우 흥미롭습니다.
   Zhèxiē shū dōu hěn yǒuqù.

 这些 (zhèxiē) 이들 / 很 (hěn) 매우 / 漂亮 (piàoliang) 예쁘다

13 양산

양 산
阳伞 yángsǎn

문장

她带了一个阳伞。 그녀는 양산을 가져왔습니다.
Tā dài le yí ge yángsǎn.

문법

带 (dài)는 '가져오다 / 가지고 다니다'라는 의미의 동사로, **带手机** (dài shǒujī) '휴대폰을 가지고 다니다', **带朋友来** (dài péngyou lái) '친구를 데려오다'처럼 물리적으로 물건을 휴대하거나 데려올 때 사용됩니다. 또한 추상적 의미로 **带记忆** (dài jìyì) '기억을 갖고 있다', **带翻译功能** (dài fānyì gōngnéng) '번역 기능이 있다'처럼 경험/기능을 나타내며, '가지다'의 의미로도 확장됩니다. 참고로 양산이 아닌 일반적인 우산은 **雨伞** (yǔsǎn)입니다.

예 他带了一些面包。 그는 빵을 좀 가져왔습니다.
　　Wǒ dài le yìxiē miànbāo.

단어 带 (dài) 가져오다 / 了 (le) [완료나 변화를 나타내는 말끝 조사] / 一个 (yí ge) 한 개의

14 쓰레기통

垃圾桶 lājītǒng
(라지퉁)

문장

请把垃圾扔到垃圾桶里。 쓰레기를 쓰레기통에 버려 주세요.
Qǐng bǎ lājī rēng dào lājītǒng lǐ.

문법

把 (bǎ) + (객체) + (동사) + (보어) 형태의 구조로 행위의 대상(객체)을 강조하며, 주로 대상이 이동하거나 폐기, 변경 등 변화하거나 처리됨을 강조합니다.

예 把门关上。(Bǎ mén guān shang.) 문을 닫아 주세요.

예 他把书放在桌子上。 그는 책을 책상 위에 놓습니다.
　 Tā bǎ shū fàng zài zhuōzi shang.

 请 (qǐng) 제발, 부탁하다 / 把 (bǎ) [객체 전치사] / 垃圾 (lājī) 쓰레기 / 扔 (rēng) 버리다 / 到 (dào) ~에

 샴푸

시 파 쉐이
洗发水 xǐfàshuǐ

문장

这瓶洗发水很香。 이 샴푸는 매우 향기롭습니다.
Zhè píng xǐfàshuǐ hěn xiāng.

문법

香 (xiāng)은 '향기롭다'라는 의미의 형용사로, 꽃, 음식, 화장품 등에서 나는 좋은 냄새를 뜻하며, 추상적으로 인상적이거나 매력적인 상태를 비유적으로 표현할 때도 사용됩니다.

예) 她的话很香。(Tā de huà hěn xiāng.) 그녀의 말이 매력적이다

반대말은 臭 (chòu) '악취가 나다'로 垃圾很臭 (lājī hěn chòu) '쓰레기 냄새가 역하다' 등으로 사용할 수 있습니다.

예) 这朵花很香。 이 꽃은 매우 향기롭습니다.
　　Zhè duǒ huā hěn xiāng.

 这 (zhè) 이 / 瓶 (píng) 병 / 很 (hěn) 매우 / 香 (xiāng) 향기롭다

학습 점검

※ 배운 내용을 확인해 보세요.

01 "电话 (diànhuà)"의 뜻은 무엇인가요?

a) 컴퓨터 b) 냉장고

c) 전화 d) 램프

02 아래 제시되는 단어를 활용하여 중국어로 만들어보세요.

우리말 제 냉장고가 고장 났어요.

단어 冰箱 (bīngxiāng)

중국어 _____.

03 아래 빈칸에 보기를 넣어 큰 소리로 말해보세요.

보기 窗户 (chuānghu)   门 (mén)

我要打开 _____ 。

나는 _____ 을(를) 열고 싶어요.

04 "灯 (dēng)"은 한국어로 무엇을 의미하나요?

a) 침대　　　　　　　b) 등, 램프

c) 의자　　　　　　　d) 테이블

05 아래 제시되는 단어를 활용하여 중국어로 만들어보세요.

우리말　나는 새 **침대**를 사야 합니다.

단어　床 (chuáng)

중국어 _____ .

06 아래 빈칸에 보기를 넣어 큰 소리로 말해보세요.

보기　窗户 (chuānghu)　　门 (mén)

这扇 _____ 关不上。

이 _____ 은(는) 닫히지 않아요.

정답 01) c)　02) 我的冰箱坏了。　04) b)　05) 我需要买新床。

109

06

학교 및 교육

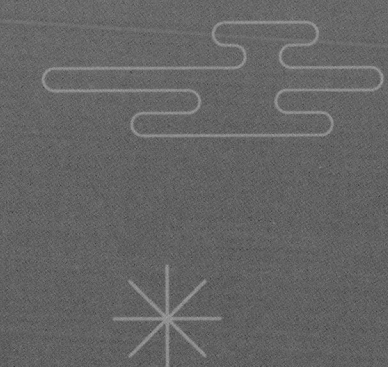

학교 생활, 수업, 공부와 관련된 표현을 중심으로 학습합니다. 한국어와 비슷한 발음의 단어를 활용하여 익히기 쉽고, 교실이나 학습 환경에서 자주 쓰이는 예문을 통해 실용적인 표현을 연습합니다. 문법 설명을 통해 기본 문장 구조를 이해하고, 유사 표현을 확장할 수 있습니다.

01 도서관

투 슈 관
图书馆 túshūguǎn

문장

我在图书馆学习。 저는 도서관에서 공부합니다.
Wǒ zài túshūguǎn xuéxí.

문법

我 (주어) + 在 + 图书馆 (장소) + 学习 (동사)의 패턴이며, 在 (zài)는 위치를 나타내는 전치사로 어떤 행동이나 동작이 일어나는 장소를 나타냅니다. 在 + (장소) + (동사)의 구문은 在 뒤에는 반드시 구체적인 장소가 와야 합니다. 그 이외 图书馆이 아닌 书店 (shūdiàn) '서점', 星巴克 (Xīngbākè) '스타벅스' 등의 단어를 활용하여 말해보세요.

예 他在咖啡店工作。 그는 커피숍에서 일합니다.
　 Tā zài kāfēidiàn gōngzuò.

 在 (zài) ~에서 / 学习 (xuéxí) 공부하다

 **02 과정·강좌**

课程 kèchéng
커 청

문장

这个课程很有趣。 이 과정은 매우 흥미롭습니다.
Zhège kèchéng hěn yǒuqù.

문법

有趣 (yǒuqù)은 '흥미롭다'라는 의미의 형용사로, 사물/상황/인물이 관심을 유발하거나 재미있는 상태를 나타냅니다.

예 有趣的游戏 (yǒuqù de yóuxì) 재미있는 게임,
　有趣的人 (yǒuqù de rén) 재미있는 사람

특히, 人과 결합 시 '유머러스한' 뉘앙스로 해석될 수 있습니다.

예 他的话题很有趣。 그의 화제는 매우 흥미롭습니다.
　Tā de huàtí hěn yǒuqù.

 这个 (zhège) 이 / 很 (hěn) 매우 / 有趣 (yǒuqù) 흥미롭다

03 지리

地理 dìlǐ
띠 리

문장

我对地理感兴趣。 저는 지리에 관심이 있습니다.
Wǒ duì dìlǐ gǎn xìngqù.

문법

感兴趣 (gǎn xìngqù)는 '관심이 있다'라는 의미의 동사구로, 感 (gǎn) '느끼다' + 兴趣 (xìngqù) '관심'이 결합하여 '~에 관심을 느끼다'로 말합니다. 또한, 对 (duì) + (대상) + 感兴趣에서 반드시 (대상) 앞에는 对를 사용해야 합니다.

예 **对音乐感兴趣。**(duì yīnyuè gǎn xìngqù.) 음악에 관심이 있다.

예 **他们对历史感兴趣。** 그들은 역사에 관심이 있습니다.
Tāmen duì lìshǐ gǎn xìngqù.

 对 (duì) ~에 대해 / 感兴趣 (gǎn xìngqù) 관심이 있다

 04 수학

슈 쉐
数学 shùxué

문장

数学对我来说有点难。 수학은 저에게 조금 어렵습니다.
Shùxué duì wǒ láishuō yǒudiǎn nán.

문법

对...来说 (duì...láishuō)는 '~에게 있어서'라는 의미의 구문으로, 특정 대상의 관점이나 입장을 강조할 때 사용되며, 对 + (대상) + 来说 + (평가/의견) 구조로 씁니다.

예 对学生来说，考试很重要。(Duì xuéshēng láishuō, kǎoshì hěn zhòngyào。)
학생들에게 있어 시험은 중요합니다.

对는 생략 불가하며, 来说는 항상 (대상) 뒤에 위치합니다.

예 对他来说这很容易。 그에게 있어 이것은 매우 쉽습니다.
Duì tā láishuō zhè hěn róngyì.

 对 (duì) ~에 대해 / 我 (wǒ) 나 / 来说 (láishuō) ~에게 있어서 / 有点 (yǒudiǎn) 조금 / 难 (nán) 어렵다

05 물리

우 리
物理 wùlǐ

문장

我喜欢物理实验。 저는 물리 실험을 좋아합니다.
Wǒ xǐhuan wùlǐ shíyàn.

문법

实验 (shíyàn)은 '실험'이라는 의미의 명사로, 과학적 연구나 탐구를 위한 실질적인 작업을 나타내며, **生物实验** (shēngwù shíyàn) '생물 실험', **实验室** (shíyànshì) '실험실'과 같이 사용할 수 있습니다. 비슷한 발음으로 **药物试验** (yàowù shìyàn) '약물 시험'처럼 实验 (shíyàn)와 의미가 조금 다르니 명확히 구분하세요.

예) **他在做化学实验。** 그는 화학 실험을 하고 있습니다.
　　Tā zài zuò huàxué shíyàn.

 喜欢 (xǐhuan) 좋아하다 / **实验** (shíyàn) 실험

06 화학

화 쉐
化学 huàxué

문장

化学是一门有趣的科学。 화학은 흥미로운 과학입니다.
Huàxué shì yì mén yǒuqù de kēxué.

문법

门 (mén)은 학문이나 예술의 분야의 단위를 세는 양사입니다.
예 一门课程 (yì mén kèchéng) '한 과목', 三门语言 (sān mén yǔyán) '세 가지 언어'
一个科学 (yíge kēxué)은 오류 문장입니다. 个는 일반적인 단위를 세는 양사로 학문 분야를 셀 경우에는 반드시 门를 사용합니다.

예 她学习一门新语言。 그녀는 새로운 언어를 배웁니다.
Tā xuéxí yì mén xīn yǔyán.

 是 (shì) ~이다 / 一门 (yì mén) 하나의 분야 / 有趣 (yǒuqù) 흥미롭다 /
的 (de) [상태나 특성을 나타내는 조사] / 科学 (kēxué) 과학

07 생물

生物 shēngwù
성 우

문장

生物多样性很重要。 생물 다양성은 매우 중요합니다.
Shēngwù duōyàngxìng hěn zhòngyào.

문법

多样性 (duōyàngxìng)은 '다양성'이라는 의미의 명사로, **多** (duō) + **样** (yàng) + **性** (xìng) '다양한 모습의 특성'으로 구분할 수 있으며, (주제) + **多样性**으로 결합하여 특정 분야의 다양성을 표현합니다. 발음은 '1성 + 4성 + 4성'으로 첫 번째 4성은 약간 부드럽게 발음하거나 두 음절이 연결되는 느낌으로 하면 자연스럽습니다.

예 **文化多样性** 문화 다양성
　　Wénhuà duōyàngxìng

 多样性 (duōyàng xìng) 다양성 / **很** (hěn) 매우 / **重要** (zhòngyào) 중요하다

08 미술

메이 슈
美术 měishù

문장

我喜欢上美术课。 저는 미술 수업을 듣는 것을 좋아합니다.
Wǒ xǐhuan shàng měishù kè.

문법

上…课 (shàng…kè)는 '수업을 듣다'라는 의미의 동사구로, 上(shàng) '참석하다' + (과목) + 课(kè) '수업' 구조로, 특정 과목의 수업에 참여함을 의미합니다. 喜欢의 표준 병음은 (xǐhuān)이나, 구어에서는 (xǐhuan)으로 약화하여 발음 가능합니다. 확장 표현으로 上课 (shàngkè) '수업에 참석하다', 下课 (xiàkè) '수업이 끝나다'도 알아두세요.

예 他们正在上数学课。 그들은 수학 수업을 듣고 있습니다.
　　Tāmen zhèngzài shàng shùxué kè.

 喜欢 (xǐhuan) 좋아하다 / 上 (shàng) [여기서는 '수업을 듣다'의 의미] / 课 (kè) 수업

09 체육

티 위
体育 tǐyù

문장

体育对健康很重要。 체육은 건강에 매우 중요합니다.
Tǐyù duì jiànkāng hěn zhòngyào.

문법

对 (duì)는 '~에 대해'라는 의미의 전치사로, 행위/태도의 대상을 나타내며, "对 + (대상) + (동사/형용사)" 구조로 사용됩니다. 주요 패턴으로는 对...重要 (duì...zhòngyào) '~에 중요하다', 对...感兴趣 (duì...gǎn xìngqù) '~에 관심이 있다'처럼 활용됩니다.

예) 他对音乐很感兴趣。 그는 음악에 매우 관심이 있습니다.
    Tā duì yīnyuè hěn gǎn xìngqù.

 对 (duì) ~에 대해 / 健康 (jiànkāng) 건강 / 重要 (zhòngyào) 중요하다

10 반·학급

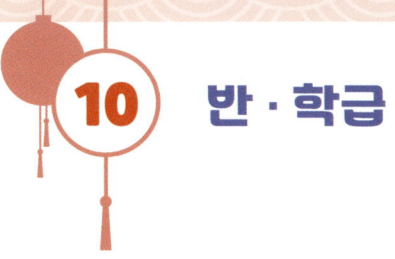

빤 지
班级 bānjí

문장

我的班级有二十个学生。 제 반에는 스무 명의 학생이 있습니다.
Wǒ de bānjí yǒu èrshí ge xuésheng.

문법

有 (yǒu)는 '있다 / 가지고 있다'라는 의미로, 존재나 소유를 나타냅니다. 존재로 활용될 경우 (장소) + 有 + (사물/사람)로 사용되며, 소유의 역할일 경우에는 (주어) + 有 + (목적어) 패턴으로 활용됩니다.

예 **教室里有很多椅子。** 교실 안에는 많은 의자가 있습니다.
　　Jiàoshì lǐ yǒu hěn duō yǐzi.

 我的 (Wǒ de) 나의 / 有 (yǒu) 있다 / 二十个 (èrshí ge) 스무 개의 / 学生 (xuésheng) 학생

 필기

비 찌
笔记 bǐjì

문장

上课时我做了很多笔记。 수업 중에 저는 많은 필기를 했습니다.
Shàng kè shí wǒ zuò le hěn duō bǐjì.

문법

做了 (zuò le)는 '~했다'라는 의미의 완료형 동사구로, 做 (zuò) '~하다/만들다' + 완료 조사 了 (le)의 결합으로 과거에 완료된 행위를 강조합니다.

예 做了作业 (zuò le zuòyè) 숙제를 했다, 做了决定 (zuò le juédìng) 결정을 내렸다
做는 做饭 (zuò fàn) 밥을 짓다, 做朋友 (zuò péngyou) 친구가 되다

예 我做了晚饭。 저는 저녁을 만들었습니다.
Wǒ zuò le wǎnfàn.

 上课 (shàng kè) 수업을 듣다 / 时 (shí) 때 / 做了 (zuò le) 했다 /
很多 (hěn duō) 많은

122

12 논문

论文 lùnwén
_론 _원

문장

他正在写论文。 그는 논문을 쓰고 있습니다.
Tā zhèngzài xiě lùnwén.

문법

正在 (zhèngzài)은 현재 진행 중인 동작을 강조하는 진행형 부사로, '현재 ~하고 있다'는 의미로 (주어) + 正在 + (동사) + (목적어) 구조로 사용됩니다.
예) 我正在吃饭。(Wǒ zhèngzài chīfàn。) 나는 밥을 먹는 중입니다.
참고로 구어에서는 **他在写论文。**(Tā zài xiě lùnwén。) 처럼 在 단독으로 사용 가능합니다.

예) 她正在看书。 그녀는 책을 읽고 있습니다.
Tā zhèngzài kànshū.

단어

正在 (zhèngzài) 현재 ~하고 있다 / 写 (xiě) 쓰다

그림

투 화
图画 túhuà

문장

这幅图画很漂亮。 이 그림은 매우 예쁩니다.
Zhè fú túhuà hěn piàoliang.

문법

这 (zhè) + (양사) + (명사)의 형식으로 사용되며, 3대 지시대명사는 아래와 같습니다.

중국어	발음	의미	사용 예시
这	zhè	이 (가까움)	这本书 (이 책)
那	nà	그/저 (멂)	那个人 (저 사람)
哪	nǎ	어느 (의문)	哪个包? (어느 가방?)

예 **这件衣服多少钱？** 이 옷은 얼마예요?
Zhè jiàn yīfu duōshao qián?

 这 (zhè) 이 / 幅 (fú) [그림에 쓰이는 양사] / 很 (hěn) 매우 / 漂亮 (piàoliang) 예쁘다

14 과학

커 쉐
科学 kēxué

문장

科学可以解释很多现象。 과학은 많은 현상을 설명할 수 있습니다.
Kēxué kěyǐ jiěshì hěn duō xiànxiàng.

문법

可以 (kěyǐ)는 '~할 수 있다'라는 허락 의미의 동사 이외 다양하게 사용됩니다.
▶ 가능, 능력: 这个软件可以翻译。(Zhè ruǎnjiàn kěyǐ fānyì.)
　　　　　　이 소프트웨어는 번역할 수 있습니다.
　　　　　　我们可以明天见面。(Wǒmen kěyǐ míngtiān jiànmiàn.)
　　　　　　우리 내일 만날 수 있어요.

예 你可以帮我吗？ 너 나 좀 도와줄 수 있어?
　　Nǐ kěyǐ bāng wǒ ma?

 可以 (kěyǐ) ~할 수 있다 / 解释 (jiěshì) 설명하다 / 很多 (hěn duō) 많은 / 现象 (xiànxiàng) 현상

학교장

씨아오   장
校长 xiàozhǎng

문장

校长在讲话。 학교장이 말하고 있습니다.
Xiàozhǎng zài jiǎnghuà.

문법

讲话 (jiǎnghuà)는 '말하다 / 연설하다'라는 의미의 동사구로, 讲 (jiǎng) '말하다' + 话 (huà) '말'의 결합으로, 공식적/공개적 상황에서 말하는 행위를 강조합니다. 비격식 표현인 일상적인 대화는 说话 (shuōhuà)로 표현합니다. 목적어나 시량보어 추가 시 讲 + 시량보어 + 话 구조로 사용합니다.

예 **讲十分钟话** (Jiǎng shí fēnzhōng huà) 10분간 말하다

예 **老师在课上讲话。** 선생님은 수업 중에 말씀하십니다.
　 Lǎoshī zài kè shàng jiǎnghuà.

단어

在 (zài) ~에서 / 讲话 (jiǎnghuà) 말하다

memo

학습 점검

※ 배운 내용을 확인해 보세요.

01 "图书馆 (túshūguǎn)"의 뜻은 무엇인가요?

a) 도서관　　　　　　　　b) 학교

c) 박물관　　　　　　　　d) 미술관

02 아래 제시되는 단어를 활용하여 중국어로 만들어보세요.

우리말　수학 시험을 위해 공부해야 합니다.

단어　数学 (shùxué)

중국어　_____ .

03 아래 빈칸에 보기를 넣어 큰 소리로 말해보세요.

보기　图书馆 (túshūguǎn)　　教室 (jiàoshì)

我在 _____ 学习物理。

나는 _____ 에서 물리를 공부합니다.

04 "美术 (měishù)"은 한국어로 무엇을 의미하나요?

a) 수학　　　　　　　　b) 과학

c) 물리학　　　　　　　d) 미술

05 아래 제시되는 단어를 활용하여 중국어로 만들어보세요.

우리말　체육 수업이 재미있어요.

단어　体育 (tǐyù)

중국어　_____.

06 아래 빈칸에 보기를 넣어 큰 소리로 말해보세요.

보기　　数学 (shùxué)　　物理 (wùlǐ)

这是我的 _____ 笔记。

이것은 제 _____ 필기입니다.

정답 01 a) 02 我需要为数学考试学习。 04 d) 05 体育课很有趣。

07

직장 및 업무

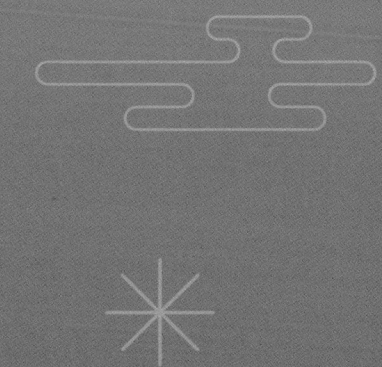

> **상황별 학습**

회의, 업무 지시, 일정 조율 등 실무 상황에서 쓰이는 표현을 중심으로 학습합니다. 한국어와 유사한 발음의 단어를 통해 기억하기 쉽도록 구성하였으며, 다양한 비즈니스 상황에서 바로 활용 가능한 예문을 제공합니다. 업무 관련 문법 구조도 함께 설명되어 있어 실무 회화 능력을 강화할 수 있습니다.

01 사무실

办公室 bàngōngshì
(빤 꽁 스)

문장

我每天在办公室工作。 저는 매일 사무실에서 일합니다.
Wǒ měitiān zài bàngōngshì gōngzuò.

문법

每天 (měitiān)는 시간 명사로 주어 앞이나 뒤에서 부사어 역할로 사용됩니다. (주어) 我 + (시간 명사) 每天 + 在 '~에서' + (장소) 办公室 + (동사) 工作의 순으로 사용합니다. 주요 시간 부사어로 쓰이는 단어들에는 周末 (zhōumò) '주말', 有时候 (yǒu shíhou) '가끔', 已经 (yǐjīng) '이미'가 있습니다.

예) 她每天喝咖啡。 그녀는 매일 커피를 마십니다.
　　Tā měitiān hē kāfēi.

 在 (zài) ~에서 / 工作 (gōngzuò) 일하다

회의

후이   이
会议 huìyì

문장

我们有一个重要的会议。 우리에게 중요한 회의가 있습니다.
Wǒmen yǒu yí ge zhòngyào de huìyì.

문법

重要的(zhòngyào de)는 重要 + 的 + (명사)의 형태로 사용되어, **重要的文件** (zhòngyào de wénjiàn) 중요한 문서, **重要的决定** (zhòngyào de juédìng) 중요한 결정, **重要的时刻** (zhòngyào de shíkè) 중요한 순간 등으로 활용할 수 있습니다.
반대로 중요하지 않을 때는 **不重要的** (bù zhòngyào de)로 사용합니다.

예 这是重要的邮件。이건 중요한 이메일입니다.
　Zhè shì zhòngyào de yóujiàn.

 我们 (wǒmen) 우리 / 有 (yǒu) 있다 / 一个 (yí ge) 한 개의 /
重要 (zhòngyào) 중요한 / 的 (de) [상태나 특성을 나타내는 조사]

 보고

빠오 까오
报告 bàogào

문장

他向经理提交报告了。 그는 매니저에게 보고서를 제출했습니다.
Tā xiàng jīnglǐ tíjiāo bàogào le.

문법

提交 (tíjiāo)는 '제출하다'라는 의미의 동사로, 서류, 보고서, 신청서 등을 공식 절차에 따라 제출할 때 사용됩니다. 유사한 표현으로 交作业 (jiāo zuòyè) '숙제 내다, 제출하다'처럼 일상적인 전달, 비격식적으로 사용할 경우에는 交 (jiāo)를 씁니다.

예 **学生们提交作业了。** 학생들은 숙제를 제출했습니다.
Xuéshēngmen tíjiāo zuòyè le.

 向 (xiàng) ~에게 / 经理 (jīnglǐ) 매니저 / 提交 (tíjiāo) 제출하다 / 了 (le) [완료나 변화를 나타내는 말끝 조사]

 **동료**

同事 tóngshì
통 스

문장

我的同事很友好。 제 동료는 매우 친절합니다.
Wǒ de tóngshì hěn yǒuhǎo.

문법

友好 (yǒuhǎo)는 '친절하다', '우호적이다'라는 의미로, 사람의 성격이나 태도를 표현할 때 자주 사용됩니다. 또한 同事 (tóngshì)는 사람 명사로, 앞에 소유격 표현 我的 (wǒ de)와 함께 자주 쓰이며, 필요에 따라 一个同事 (yí ge tóngshì)처럼 양사와 함께 사용할 수도 있습니다.

예) 他对每个人都很友好。 그는 모든 사람에게 매우 친절합니다.
Tā duì měi ge rén dōu hěn yǒuhǎo.

 我的 (wǒ de) 나의 / 很 (hěn) 매우 / 友好 (yǒuhǎo) 친절하다

05 상사

샹 스
上司 shàngsī

문장

我的上司非常严格。 제 상사는 매우 엄격합니다.
Wǒ de shàngsī fēicháng yángé.

문법

非常 (fēicháng)은 '매우', '대단히'라는 뜻의 부사로, 감정이나 상태를 강하게 강조할 때 사용됩니다. 很(hěn)보다 강조의 정도가 더 강하며, 말하는 사람의 주관적인 느낌이 반영된 표현입니다. 또한 上司 (shàngsī)는 직장에서 자신보다 직급이 높은 상사를 의미하며, 유사 표현으로는 领导 (lǐngdǎo)가 있는데, 이는 보다 넓은 범위의 리더나 관리자까지 포함할 수 있습니다.

예) 这个问题非常重要。 이 문제는 매우 중요합니다.
Zhège wèntí fēicháng zhòngyào.

 我的 (wǒ de) 나의 / 非常 (fēicháng) 매우 / 严格 (yángé) 엄격하다

06 급여

꽁 즈
工资 gōngzī

문장

我的工资增加了。 제 급여가 증가했습니다.
Wǒ de gōngzī zēngjiā le.

문법

增加 (zēngjiā)는 '증가하다'라는 뜻의 동사로, 수량이나 수준이 높아지는 변화를 나타낼 때 사용합니다. 문장에서는 동사 뒤에 了 (le)가 함께 쓰여 변화가 이미 발생했음을 나타냅니다. 이처럼 了는 동작의 완료 또는 상태 변화에 자주 쓰이는 조사로, 문장의 끝에 자주 위치합니다.

예 **价格增加了。** 가격이 증가했습니다.
Jiàgé zēngjiā le.

단어 我的 (wǒ de) 나의 / 增加 (zēngjiā) 증가하다 /
了 (le) [완료나 변화를 나타내는 말끝 조사]

 시장

市场 shìchǎng
(스 창)

문장

我们分析了市场趋势。 우리는 시장 추세를 분석했습니다.
Wǒmen fēnxī le shìchǎng qūshì.

문법

分析 (fēnxī)는 '분석하다'라는 의미의 동사로, 데이터나 상황을 세밀하게 살펴 해석하는 과정을 말합니다. 이 문장에서는 市场 (shìchǎng)이 '시장'이라는 뜻으로 사용되었으며, 경제, 소비, 주식 등 다양한 맥락에서 자주 쓰이는 단어입니다. 유사 표현으로는 市面 (shìmiàn)이 있으며, 보다 일상적인 시장 분위기나 상황을 가리킬 때 사용됩니다.

예 **专家正在分析数据。** 전문가가 데이터를 분석하고 있습니다.
Zhuānjiā zhèngzài fēnxī shùjù.

 我们 (wǒmen) 우리 / 分析 (fēnxī) 분석하다 /
了 (le) [완료나 변화를 나타내는 말끝 조사] / 趋势 (qūshì) 추세

 재무

차이 우
财务 cáiwù

문장

我在财务部门工作。 저는 재무 부서에서 일합니다.
Wǒ zài cáiwù bùmén gōngzuò.

문법

部门 (bùmén)은 '부서'를 뜻하는 명사로, 회사나 기관 등 조직 내에서 특정 역할을 맡은 단위를 가리킵니다. 财务 (cáiwù)는 회계 및 자산 관리와 관련된 부서를 의미합니다. 비슷한 구조로 人力资源部门 (rénlì zīyuán bùmén)은 '인사 부서'를 뜻하며, 다양한 부서명을 만들 수 있습니다.

예 他在人力资源部门。 그는 인사 부서에 있습니다.
　　Tā zài rénlì zīyuán bùmén.

 在 (zài) ~에서 / 部门 (bùmén) 부서 / 工作 (gōngzuò) 일하다

09 출장

出差 chūchāi
추 차이

문장

他因为工作出差去了北京。 그는 일 때문에 베이징으로 출장
Tā yīnwèi gōngzuò chūchāi qù le Běijīng. 갔습니다.

문법

因为 (yīnwèi)는 이유나 원인을 나타내는 접속사로, '~때문에'라는 의미로 사용됩니다.
因为 A, 所以 B 구조로 원인과 결과를 함께 나타낼 수도 있고, 위의 문장처럼 단독으로
원인만 나타낼 수도 있습니다. 또한 出差 (chūchāi)는 회사나 기관 등에서 업무 목적으로
외부로 이동하는 '출장'을 의미하며, 실생활에서 자주 쓰이는 표현입니다.

예 **我因为生病没去学校。** 나는 병 때문에 학교에 가지 않았습니다.
　　Wǒ yīnwèi shēngbìng méi qù xuéxiào.

 因为 (yīnwèi) ~때문에 / 工作 (gōngzuò) 일 / 去了 (qù le) 갔다

직위

즈 웨이
职位 zhíwèi

문장

她获得了新职位。 그녀는 새로운 직위를 얻었습니다.
Tā huòdé le xīn zhíwèi.

문법

获得 (huòdé)는 '얻다', '획득하다'라는 뜻의 동사로, 상, 기회, 자격, 정보 등 실체적이거나 추상적인 대상을 얻는 상황에 폭넓게 사용됩니다. 职位 (zhíwèi)는 회사나 기관 내에서의 직책이나 역할을 뜻하는 단어입니다. 유사 표현으로는 岗位 (gǎngwèi)가 있으며, 이는 실제 근무 위치나 업무에 조금 더 초점이 맞춰져 있습니다.

예 **他获得了奖学金。** 그는 장학금을 얻었습니다.
Tā huòdé le jiǎngxuéjīn.

 获得 (huòdé) 얻다 / 新的 (xīn de) 새로운 / 的 (de) [상태나 특성을 나타내는 조사]

11 면접

미엔 스
面试 miànshì

🟥 **문장**

明天我有一个面试。 내일 저는 면접이 있습니다.
Míngtiān wǒ yǒu yí ge miànshì.

🟩 **문법**

一个 (yí ge)는 수량을 나타내는 표현으로, '하나의', '한 개의'라는 의미입니다. 중국어에서 수량사는 일반적으로 수사 + 양사 + 명사 순서로 구성되며, 个 (ge)는 가장 일반적으로 쓰이는 양사입니다. 이때 숫자 一 (yī)는 뒤에 오는 음절이 4성이거나 경성일 경우, 자연스럽게 (yí)로 성조 변화가 일어납니다.

🔸 我买了一个苹果。저는 사과 하나를 샀습니다.
　 Wǒ mǎi le yí ge píngguǒ.

 明天 (míngtiān) 내일 / 我 (wǒ) 저 / 有 (yǒu) 있다 / 一个 (yí ge) 한 개의

12 협상

谈判 tánpàn
(탄판)

문장

他们正在进行谈判。 그들은 현재 협상을 진행 중입니다.
Tāmen zhèngzài jìnxíng tánpàn.

문법

进行 (jìnxíng)은 '진행하다'라는 의미로, 어떤 활동이나 절차가 일정한 방향으로 계속 이어지는 상태를 나타냅니다. 위에서 쓰인 正在 (zhèngzài)는 진행 중임을 강조하는 부사로, '~하는 중이다'라는 의미를 만들어줍니다. 두 표현은 함께 자주 쓰이며 현재 진행형 표현으로 매우 유용합니다.

예 **会议正在进行中**。회의가 진행 중입니다.
Huìyì zhèngzài jìnxíng zhōng.

 正在 (zhèngzài) 현재 ~하고 있다 / 进行 (jìnxíng) 진행하다

13 관리

관 리
管理 guǎnlǐ

문장

他负责项目管理。 그는 프로젝트 관리를 담당합니다.
Tā fùzé xiàngmù guǎnlǐ.

문법

负责 (fùzé)는 '책임지다', '담당하다'라는 의미의 동사로, 일정한 업무나 분야에 대해 책임을 지고 수행하는 역할을 나타냅니다. 기본 단어 **管理** (guǎnlǐ)는 사람, 일, 자원 등을 조직하고 통제하는 행위를 뜻하는 말로, 업무 관리, 인사 관리, 시간 관리 등 다양한 조합으로 쓰입니다.

예 **她负责市场营销。** 그녀는 마케팅을 담당합니다.
　　Tā fùzé shìchǎng yíngxiāo.

 负责 (fùzé) 담당하다 / 项目 (xiàngmù) 프로젝트

14 사직

辞职 cízhí
츠 즈

문장

他决定辞职。 그는 사직하기로 결정했습니다.
Tā juédìng cízhí.

문법

决定 (juédìng)은 '결정하다'라는 의미의 동사로, 여러 선택지 중 하나를 확정하여 행동에 옮기려는 의지를 나타냅니다. 함께 쓰인 辞职 (cízhí)는 직장을 자발적으로 그만두는 '사직하다'라는 뜻이며, 일반적으로 직장 내 공식적인 상황에서 사용됩니다.

예) **我决定去旅行。** 저는 여행 가기로 결정했습니다.
Wǒ juédìng qù lǚxíng.

 决定 (juédìng) 결정하다

15 기초

基础 jīchǔ
지 추

문장

学好基础很重要。 기초를 잘 배우는 것은 매우 중요합니다.
Xué hǎo jīchǔ hěn zhòngyào.

문법

学好 (xué hǎo)는 '잘 배우다'라는 의미의 동사구로, 학습 대상에 대해 완전히 익히고 숙달했을 때 사용됩니다. 여기서 '好'는 결과보어로 사용되어 배우는 동작이 성공적으로 끝났음을 나타냅니다. 또한 '基础 (jīchǔ)'는 기초, 기반을 의미하며, 공부뿐 아니라 기술, 지식, 업무 등 다양한 분야에서 기본이 되는 요소를 가리킬 때 자주 사용됩니다.

예) 他学好英语了。 그는 영어를 잘 배웠습니다.
Tā xué hǎo Yīngyǔ le.

 学好 (xué hǎo) 잘 배우다 / 很 (hěn) 매우 / 重要 (zhòngyào) 중요하다

학습 점검

※ 배운 내용을 확인해 보세요.

01 "办公室 (bàngōngshì)"의 뜻은 무엇인가요?

a) 회의실 b) 사무실

c) 도서관 d) 학교

02 아래 제시되는 단어를 활용하여 중국어로 만들어보세요.

우리말 내일 회의가 있습니다.

단어 会议 (huìyì)

중국어 _____.

03 아래 빈칸에 보기를 넣어 큰 소리로 말해보세요.

보기 同事 (tóngshì)   上司 (shàngsī)

我的 _____ 是经理。

나의 _____ 은(는) 경리입니다.

04 "工资 (gōngzī)"는 한국어로 무엇을 의미하나요?

a) 직위

b) 출장

c) 급여

d) 협상

05 아래 제시되는 단어를 활용하여 중국어로 만들어보세요.

우리말 나는 새로운 **직위**를 얻었습니다.

단어 职位 (zhíwèi)

중국어 _____.

06 아래 빈칸에 보기를 넣어 큰 소리로 말해보세요.

보기 出差 (chūchāi)   谈判 (tánpàn)

明天我要去 _____ 。

내일 나는 _____ 에 갑니다.

정답 **01** b) **02** 明天有会议。 **04** c) **05** 我得到了新的职位。

08

가족 및 관계

가족 소개, 친구 관계, 감정 표현 등 인간관계에 필요한 단어와 문장을 익힐 수 있습니다. 친숙한 단어 발음을 통해 학습자의 부담감을 줄이고, 따뜻하고 자연스러운 대화문을 바탕으로 감정과 관계 표현을 연습할 수 있습니다. 문법 설명과 다양한 예시를 통해 관계 표현을 더욱 풍부하게 할 수 있습니다.

할아버지 (아버지의 아버지)

예 예
爷爷 yéye

문장

我的爷爷是退休教师。 제 할아버지는 은퇴한 교사입니다.
Wǒ de yéye shì tuìxiū jiàoshī.

문법

退休 (tuìxiū)는 '은퇴하다'라는 의미의 동사로, 정해진 연령이나 사유로 직업에서 공식적으로 물러나는 것을 말합니다. 일반적으로 직장 생활을 끝내고 쉬는 상태로 들어가는 상황에 사용되며, 직업명과 함께 쓰여 과거 직업을 나타낼 수 있습니다. 위 문장에서 教师 (jiàoshī)는 '선생님' 또는 '교사'를 뜻하며, 주로 직업을 설명할 때 사용됩니다.

예 他决定退休了。 그는 은퇴하기로 결정했습니다.
　　Tā juédìng tuìxiū le.

 我的 (wǒ de) 나의 / 是 (shì) ~이다 / 退休 (tuìxiū) 은퇴하다 / 教师 (jiàoshī) 교사

02 할머니 (아빠의 어머니)

나이 나이
奶奶 nǎinai

문장

奶奶做的饭很好吃。 할머니가 만든 밥은 매우 맛있습니다.
Nǎinai zuò de fàn hěn hǎochī.

문법

好吃 (hǎochī)는 '맛있다'는 뜻의 형용사로, 음식의 맛이 좋을 때 사용합니다. 예문에 나오는 做的饭 (zuò de fàn)은 '(누군가가) 만든 밥'을 의미하며, 做 (zuò)는 '만들다', '요리하다'의 뜻이고, 뒤에 붙는 的 (de)는 관계대명사처럼 앞에서 수식하는 사람이나 동작을 명사와 연결해 주는 역할을 합니다.

예) 这个蛋糕很好吃。 이 케이크는 매우 맛있습니다.
　　Zhège dàngāo hěn hǎochī.

 做 (zuò) 만들다 / 的 (de) [소유를 나타내는 조사] / 饭 (fàn) 밥 / 很 (hěn) 매우 / 好吃 (hǎochī) 맛있다

03 할아버지 (어머니의 아버지)

外公 wàigōng
와이 꽁

문장

外公喜欢园艺。 외할아버지는 원예를 좋아하십니다.
Wàigōng xǐhuan yuányì.

문법

园艺 (yuányì)는 '원예', 즉 정원을 가꾸거나 식물을 돌보는 활동을 뜻하는 명사입니다. 위의 문장에서 喜欢 (xǐhuan)은 '좋아하다'라는 뜻으로, 사람, 물건, 활동 등 다양한 대상을 목적어로 취할 수 있으며 감정을 표현하는 데 매우 자주 쓰이는 기본 동사입니다.

- 她对园艺非常感兴趣。 그녀는 원예에 매우 관심이 있습니다.
  Tā duì yuányì fēicháng gǎn xìngqù.

 喜欢 (xǐhuan) 좋아하다 / 园艺 (yuányì) 원예

04 할머니 (어머니의 어머니)

와이 포
外婆 wàipó

문장

外婆教我做饼干。 외할머니는 저에게 쿠키 만드는 법을 가르쳐 주셨습니다.
Wàipó jiāo wǒ zuò bǐnggān.

문법

教 (jiāo)는 '가르치다'라는 의미의 동사로, 지식이나 기술을 다른 사람에게 전달할 때 사용합니다. 목적어로 사람 + 배울 대상(기술, 과목 등)을 함께 취하는 것이 일반적인 구조입니다.

做饼干 (zuò bǐnggān)은 '쿠키를 만들다'는 뜻으로, 做 (zuò)는 다양한 동작에서 '만들다' 또는 '하다'의 역할을 하는 기본 동사입니다.

예 老师教我们数学。 선생님은 우리에게 수학을 가르칩니다.
　　Lǎoshī jiāo wǒmen shùxué.

 教 (jiāo) 가르치다 / 我 (wǒ) 저 / 做 (zuò) 만들다 / 饼干 (bǐnggān) 쿠키

155

 형제

시옹 띠
兄弟 xiōngdì

문장

我有两个兄弟。 저는 두 명의 형제가 있습니다.
Wǒ yǒu liǎng ge xiōngdì.

문법

有 (yǒu)는 '있다', '가지고 있다'라는 뜻의 동사로, 사람이나 사물의 존재 또는 소유를 표현할 때 사용됩니다. 两个 (liǎng ge)는 '두 명의'라는 의미이며, 수량사 구조 '수사 + 양사 + 명사'의 형태로 자연스럽게 사용됩니다.

예) 他有很多朋友。 그는 많은 친구가 있습니다.
Tā yǒu hěn duō péngyou.

 我 (wǒ) 저 / 有 (yǒu) 있다 / 两个 (liǎng ge) 두 개의

06 자매

지에 메이
姐妹 jiěmèi

문장

她是我的姐妹。 그녀는 제 자매입니다.
Tā shì wǒ de jiěmèi.

문법

她是 (Tā shì)는 '그녀는 ~이다'라는 의미의 문장 구조로, 사람의 직업, 관계, 신분 등을 설명할 때 자주 사용됩니다. 이 구조는 주어 + 是 + 명사의 기본 문장형으로 매우 자주 쓰이는 서술문 형식입니다. 姐妹 (jiěmèi)는 언니와 여동생을 포함한 여성 형제를 통칭하는 단어입니다.

예 **她是医生。** 그녀는 의사입니다.
Tā shì yīshēng.

 她 (tā) 그녀 / 是 (shì) ~이다 / 我的 (wǒ de) 나의 / 姐妹 (jiěmèi) 자매

 07 친척

친 치
亲戚 qīnqi

문장

我的亲戚住在上海。 저의 친척은 상하이에 삽니다.
Wǒ de qīnqi zhù zài Shànghǎi.

문법

住 (zhù)는 '살다'라는 뜻의 동사로, 어떤 장소에 거주하거나 머무는 상태를 표현할 때 사용됩니다. 住在 A의 형태로 쓰이며, A는 도시, 주소, 지역 등을 나타냅니다. 上海 (Shànghǎi)는 중국의 대표적인 대도시로 중국의 문화와 경제의 중심지이자 동서양이 융합된 매력적인 도시입니다.

예) 他住在北京。 그는 베이징에 삽니다.
Tā zhù zài Běijīng.

 我的 (wǒ de) 나의 / 住 (zhù) 살다 / 在 (zài) ~에서 / 上海 (Shànghǎi) 상하이

08 집안일

지아 우
家务 jiāwù

문장

我帮妈妈做家务。 저는 엄마가 집안일 하시는 것을 돕습니다.
Wǒ bāng māma zuò jiāwù.

문법

帮은 '돕다'라는 의미의 동사로, 帮 + 사람(대상) + 동사로 쓰면 ~가 ~하는 것을 돕는다라는 뜻이 됩니다. 家务 (jiāwù)는 집에서 해야 하는 청소, 요리, 세탁 등의 집안일 전반을 의미합니다.

예 **他在帮我照顾孩子。** 그는 내가 아이를 돌보는 것을 돕고 있습니다.
Tā zài bāng wǒ zhàogù háizi.

 帮 (bāng) 돕다 / 做 (zuò) 하다

09 아버지

푸 친
父亲 fùqīn

문장

我的父亲喜欢钓鱼。 저의 아버지는 낚시를 좋아합니다.
Wǒ de fùqīn xǐhuan diàoyú.

문법

钓鱼 (diàoyú)는 '낚시하다'라는 의미의 동사구로, 물고기를 낚는 활동을 뜻합니다. 이 표현은 보통 동작을 나타내는 동사로 쓰이며, 去钓鱼 (낚시하러 가다)처럼 '가다' 동사와 자주 결합됩니다. 父亲 (fùqīn)은 비교적 격식 있는 표현으로, 구어체에서는 爸爸 (bàba)가 더 자주 쓰입니다.

예 **他周末喜欢去钓鱼。** 그는 주말에 낚시 가는 것을 좋아합니다.
Tā zhōumò xǐhuan qù diàoyú.

 我的 (wǒ de) 나의 / 父亲 (fùqīn) 아버지 / 喜欢 (xǐhuan) 좋아하다 /
钓鱼 (diàoyú) 낚시

10 어머니

母亲 mǔqīn
무 친

문장

我的母亲是教师。 저의 어머니는 교사입니다.
Wǒ de mǔqīn shì jiàoshī.

문법

教师 (jiàoshī)는 '교사', 즉 교육을 담당하는 직업을 의미하는 명사입니다. 공식적인 표현이며, 일상 대화에서는 老师 (lǎoshī)도 자주 사용됩니다. 또한 母亲 (mǔqīn)은 격식 있는 표현으로, 구어체에서는 妈妈 (māma)가 더 흔하게 쓰입니다.

예) 她想成为一名教师。그녀는 교사가 되고 싶어합니다.
Tā xiǎng chéngwéi yī míng jiàoshī.

 我的 (wǒ de) 나의 / 母亲 (mǔqīn) 어머니 / 是 (shì) ~이다 / 教师 (jiàoshī) 교사

생일

생 르

生日 shēngrì

문장

今天是我的**生日**。 오늘은 제 생일입니다.
Jīntiān shì wǒ de shēngrì.

문법

今天 (jīntiān)은 시간을 나타내는 명사로 '오늘'을 의미합니다. 주로 현재 시점에 대한 정보를 전달할 때 문장의 앞부분이나 술어 앞에 위치하며, 날씨, 일정, 기념일 등과 함께 자주 쓰입니다. 生日 (shēngrì)는 사람의 생일이나 생일날을 뜻하는 기본 어휘로, 생일 축하 표현과 함께 자주 등장합니다.

예 **今天**天气很好。 오늘 날씨가 매우 좋습니다.
　　Jīntiān tiānqì hěn hǎo.

단어　今天 (jīntiān) 오늘 / 是 (shì) ~이다 / 我的 (wǒ de) 나의 / 生日 (shēngrì) 생일

친밀

亲密 qīnmì
친 미

문장

我们关系很亲密。 우리의 관계는 친밀합니다.
Wǒmen guānxi hěn qīnmì.

문법

我们 (wǒmen)은 '우리'를 뜻하는 복수형 인칭대명사로, 화자 자신과 그 외 다른 사람들을 포함하는 집단을 가리킬 때 사용됩니다. 문장에서는 일반적으로 주어 자리에 위치하며, 행동의 주체가 여러 사람일 때 가장 기본적으로 쓰이는 표현입니다. 亲密 (qīnmì)는 감정적으로 가까운 관계를 표현할 때 쓰이며, 주로 사람 사이의 친근함이나 유대를 강조할 때 사용됩니다.

예) **我们都喜欢唱歌。** 우리 모두 노래 부르는 것을 좋아합니다.
    Wǒmen dōu xǐhuan chànggē.

 我们 (wǒmen) 우리 / 关系 (guānxi) 관계

 관계

꽌 시
关系 guānxi

문장

我们要保持良好的关系。 우리는 좋은 관계를 유지해야 합니다.
Wǒmen yào bǎochí liánghǎo de guānxi.

문법

保持 (bǎochí)는 '유지하다'라는 뜻의 동사로, 상태나 감정, 관계 등을 일정하게 계속 이어나가는 의미를 가집니다. 위 문장에서 良好的关系 (liánghǎo de guānxi)는 '좋은 관계'를 의미하며, 형용사 + 的 + 명사 구조로 명사를 꾸며주는 기본적인 표현입니다.

예 **保持冷静很重要。** 침착함을 유지하는 것이 중요합니다.
　　Bǎochí lěngjìng hěn zhòngyào.

 我们 (wǒmen) 우리 / 要 (yào) 해야 한다 / 保持 (bǎochí) 유지하다 /
良好 (liánghǎo) 좋은 / 的 (de) [상태나 특성을 나타내는 조사]

164

 감정

간 칭
感情 gǎnqíng

문장

他们分享彼此的感情。 그들은 서로의 감정을 공유합니다.
Tāmen fēnxiǎng bǐcǐ de gǎnqíng.

문법

分享 (fēnxiǎng)은 '공유하다', '함께 나누다'라는 의미의 동사로, 정보, 감정, 음식 등 구체적이거나 추상적인 대상을 함께 나눌 때 사용됩니다. 또한 彼此 (bǐcǐ)는 '서로'라는 뜻으로, 두 사람 또는 두 집단 간의 관계나 감정을 표현할 때 자주 쓰입니다.

예 **我们分享了晚餐。** 우리는 저녁식사를 함께 나누었습니다.
Wǒmen fēnxiǎng le wǎncān.

 分享 (fēnxiǎng) 공유하다 / 彼此 (bǐcǐ) 서로

15 동거

同居 tóngjū
통 쥐

문장

他们选择同居而不结婚。 그들은 결혼하지 않고 동거를 선택했습니다.
Tāmen xuǎnzé tóngjū ér bù jiéhūn.

문법

而 (ér)는 두 문장을 연결하면서 의미상 대비나 전환을 표현할 때 사용되는 접속사입니다. '하지만', '그러나'처럼 앞뒤 문장의 성격이 다를 때 자연스럽게 연결해 주며, 문어체에서 자주 사용됩니다. 위 문장의 而不 ~ 형태는 '~하지 않고 ~하다'라는 뜻을 부드럽게 표현합니다.

예) 他很忙，而他的妻子则很闲。 그는 바쁘지만, 그의 아내는 여가가 많습니다.
　　Tā hěn máng, ér tā de qīzi zé hěn xián.

 选择 (xuǎnzé) 선택하다 / 而 (ér) ~하지만 / 不 (bù) ~하지 않다 /
结婚 (jiéhūn) 결혼하다

학습 점검

※ 배운 내용을 확인해 보세요.

01 "爷爷 (yéye)"의 뜻은 무엇인가요?

a) 할아버지 (어머니의 아버지) b) 할아버지 (아버지의 아버지)

c) 할머니 (어머니의 어머니) d) 할머니 (아버지의 어머니)

02 아래 제시되는 단어를 활용하여 중국어로 만들어보세요.

우리말 나는 **할아버지**와 함께 삽니다.

단어 爷爷 (yéye)

중국어 _____ .

03 아래 빈칸에 보기를 넣어 큰 소리로 말해보세요.

보기 兄弟 (xiōngdì) 姐妹 (jiěmèi)

我有两个_____。

나는 두 명의 _____ 이(가) 있습니다.

04 "家务 (jiāwù)"는 한국어로 무엇을 의미하나요?

a) 가족　　　　　　　　b) 집안일

c) 친구　　　　　　　　d) 동료

---

05 아래 제시되는 단어를 활용하여 중국어로 만들어보세요.

우리말 엄마는 오늘 생일이에요.

단어 母亲 - mǔqīn

중국어 _____ .

---

06 아래 빈칸에 보기를 넣어 큰 소리로 말해보세요.

보기　父亲 (fùqīn)　　　母亲 (mǔqīn)

我的 _____ 是医生。

나의 _____ 은(는) 의사입니다.

정답 01 b) 02 我和爷爷住在一起。 04 b) 05 我母亲今天生日。

169

09

건강 및 의료

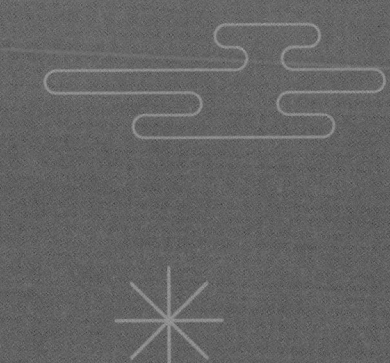

> **상황별 학습**

병원 방문, 증상 설명, 약 구입 등 건강과 의료 상황에서 필요한 표현을 학습합니다. 위급하거나 불편한 상황에서도 바로 활용할 수 있도록 구성된 예문을 통해 실용성을 높였으며, 발음이 익숙한 단어를 통해 어휘 학습의 부담을 줄였습니다. 필수 문법 포인트와 응용 문장을 함께 익히며 정확한 표현을 연습할 수 있습니다.

의사

医生 yīshēng
이 생

문장

我要去看医生。 저는 의사를 보러 갈 겁니다.
Wǒ yào qù kàn yīshēng.

문법

要 (yào)는 '~하려고 하다', '~할 예정이다'라는 의미로 미래의 계획이나 의도를 표현할 때 사용됩니다. 또한 看医生 (kàn yīshēng)은 직역하면 '의사를 보다'이지만, 실제로는 '진료받다' 또는 '병원에 가다'의 의미로 자연스럽게 사용됩니다.

 我要学习中文。 저는 중국어를 배울 겁니다.
　　Wǒ yào xuéxí Zhōngwén.

단어 我 (wǒ) 저 / 要 (yào) 원하다, ~할 예정이다 / 去 (qù) 가다 / 看 (kàn) 보다

 약

야오
药 yào

문장

请按时吃药。 제시간에 약 드시기 바랍니다.
Qǐng ànshí chī yào.

문법

按时 (ànshí)는 '제시간에', '정해진 시간에 맞춰'라는 의미의 부사로, 약속된 시간이나 계획에 따라 행동함을 나타냅니다. 위 문장에서 请 (qǐng)과 함께 사용되어 공손한 요청의 문장으로 쓰였습니다. 吃药 (chī yào)는 '약을 먹다'라는 표현으로, 吃는 일반적으로 약, 밥 등 입으로 섭취하는 행위에 사용됩니다.

예 **我们按时完成了工作。** 우리는 제시간에 작업을 완료했습니다.
Wǒmen ànshí wánchéng le gōngzuò.

 请 (qǐng) 부탁하다 / 按时 (ànshí) 제시간에 / 吃 (chī) 먹다

질병

疾病 jíbìng
지뼁

문장

他正在治疗一种疾病。 그는 현재 한 종류의 질병을 치료 중입니다.
Tā zhèngzài zhìliáo yì zhǒng jíbìng.

문법

正在 (zhèngzài)는 '~하는 중이다'를 의미하는 부사로, 동사 앞에 위치해 현재 진행 중인 행동이나 상태를 나타냅니다. 治疗 (zhìliáo)는 질병이나 증상을 치료하다라는 뜻이고, 一种 (yì zhǒng)은 '한 종류의'라는 뜻으로 명사 앞에 자주 사용됩니다.

예 他正在学习中文。 그는 현재 중국어를 배우고 있습니다.
　　Tā zhèngzài xuéxí Zhōngwén.

 正在 (zhèngzài) 현재 진행 중 / 治疗 (zhìliáo) 치료하다 / 一种 (yī zhǒng) 한 종류의

04 치료

즈 리아오
治疗 zhìliáo

> 문장

这种疾病需要长期治疗。 이 질병은 장기간의 치료가 필요합니다.
Zhè zhǒng jíbìng xūyào chángqī zhìliáo.

> 문법

长期 (chángqi)는 '장기간'이라는 뜻으로, 긴 시간 동안을 나타내는 명사입니다. 주로 长期 + 동사 형태로 쓰이며, 건강, 계획, 목표 등 다양한 분야에 폭넓게 사용됩니다. 위에서 长期治疗 (chángqi zhìliáo)는 '오랜 시간 동안 지속적인 치료'를 의미합니다.

예 **长期锻炼对健康有益。** 장기간 운동은 건강에 좋습니다.
   Chángqi duànliàn duì jiànkāng yǒuyì.

 这种 (zhè zhǒng) 이 종류의 / 需要 (xūyào) 필요하다 / 长期 (chángqi) 장기간의

수술

쇼 슈
手术 shǒushù

문장

他需要接受手术。 그는 수술을 받아야 합니다.
Tā xūyào jiēshòu shǒushù.

문법

接受 (jiēshòu)는 '받다', '수용하다'라는 뜻으로, 사물, 제안, 부탁, 결과, 조치 등 다양한 대상을 받아들이는 행위를 표현하는 동사입니다. 接受手术 (jiēshòu shǒushù)은 '수술을 받다'라는 고정된 표현으로 자주 쓰이며, 공식적이고 객관적인 상황에 많이 사용됩니다.

예) **我们接受了他的邀请。** 우리는 그의 초대를 받아들였습니다.
Wǒmen jiēshòu le tā de yāoqǐng.

 需要 (xūyào) 필요하다 / 接受 (jiēshòu) 받다

06 증상

症状 zhèngzhuàng
쩡 좡

문장

他描述了自己的症状。 그는 자신의 증상을 설명했습니다.
Tā miáoshù le zìjǐ de zhèngzhuàng.

문법

描述 (miáoshù)는 '설명하다', '묘사하다'라는 뜻의 동사로, 사람이나 사물, 사건의 상태나 내용을 자세하게 말하거나 글로 표현할 때 사용됩니다. 이 문장에서 사용된 自己的 (zìjǐ de)는 '자신의'라는 뜻으로, 소유를 나타내는 구조입니다. '자기 자신'을 강조할 때 쓰이며, 회화와 문어체 모두에서 자주 사용됩니다.

- 她描述了旅行的经历。 그녀는 여행 경험을 설명했습니다.
  Tā miáoshù le lǚxíng de jīnglì.

 描述 (miáoshù) 설명하다 / **自己** (zìjǐ) 자신

07 체온

体温 tǐwēn
<small>티 원</small>

문장

我的体温很正常。 제 체온은 아주 정상입니다.
Wǒ de tǐwēn hěn zhèngcháng.

문법

正常 (zhèngcháng)은 '정상적인', '일반적인'이라는 의미의 형용사로, 건강 상태나 상황, 수치 등이 기준에 부합하거나 이상이 없는 상태를 나타냅니다. 위에서 사용된 문장 구조 '주어 + 很 + 형용사'는 중국어에서 매우 일반적인 형용사 서술문 구조로, 어떤 대상의 상태를 설명할 때 자주 사용됩니다. 여기서 很 (hěn)은 '매우'로 해석되기도 하지만, 때로는 단순한 연결 역할도 합니다.

예) 一切都很正常。 모든 것이 매우 정상입니다.
　　Yíqiè dōu hěn zhèngcháng.

 我的 (wǒ de) 나의 / 很 (hěn) 매우 / 正常 (zhèngcháng) 정상

08 통증

텅 통
疼痛 téngtòng

문장

我感到背部有疼痛。 저는 등에 통증을 느낍니다.
Wǒ gǎndào bèibù yǒu téngtòng.

문법

感到 (gǎndào)는 감정, 감각, 느낌을 직접적으로 체감할 때 사용하는 동사로, '~라고 느끼다', '~한 감정을 느끼다'라는 뜻으로 쓰이며, '주어 + 感到 + 명사/절' 구조는 감각이나 심리 상태를 설명할 때 매우 자주 사용되는 표현 패턴입니다. 疼痛 (téngtòng)은 의학적이거나 비교적 격식 있는 어휘로, 신체적 통증을 구체적으로 지칭할 때 사용됩니다.

예 **他感到非常高兴。** 그는 매우 기쁘다고 느낍니다.
　　Tā gǎndào fēicháng gāoxìng.

 感到 (gǎndào) 느끼다 / 背部 (bèibù) 등 부분 / 有 (yǒu) 있다

 진단

전 뚜안
诊断 zhěnduàn

문장

医生给他做了诊断。 의사가 그에게 진단을 내렸습니다.
Yīshēng gěi tā zuò le zhěnduàn.

문법

了 (le)는 동사 뒤에 붙어 동작의 완료나 실현을 나타냅니다. 동작의 완료를 나타내는 동태조사는 일반적으로 동사 뒤에 위치하지만, 목적어가 아주 간단하면 목적어 뒤에 놓입니다.
또한, **做了诊断** (zuò le zhěnduàn)은 '진단을 했다', 즉 진단 행위가 완료되었음을 명확히 전달합니다.

예 **我吃晚餐了。** 저는 저녁을 먹었습니다.
　　Wǒ chī wǎncān le.

단어 给 (gěi) ~에게 / 做 (zuò) 하다 / 了 (le) [완료된 행위를 나타내는 조사]

면역

미엔 이
免疫 miǎnyì

문장

健康的饮食有助于免疫。 건강한 식습관은 면역에 도움이 됩니다.
Jiànkāng de yǐnshí yǒuzhùyú miǎnyì.

문법

有助于 (yǒuzhùyú)는 '~에 도움이 되다'는 뜻의 표현으로, 어떤 행위나 조건이 다른 대상에 긍정적인 영향을 미칠 때 사용됩니다. 이 표현은 '주어 + 有助于 + 명사/동사구'의 형태로 쓰이며, 격식 있는 문장에서 자주 등장합니다. 예문 속 健康的饮食 (jiànkāng de yǐnshí)는 '형용사 + 的 + 명사' 구조로, '건강한 식습관'을 자연스럽게 나타내는 표현입니다.

예 **运动有助于保持健康。** 운동은 건강 유지에 도움이 됩니다.
  Yùndòng yǒuzhùyú bǎochí jiànkāng.

 健康 (jiànkāng) 건강한 / 饮食 (yǐnshí) 식습관 /
有助于 (yǒuzhùyú) ~에 도움이 되다

예약

위 위에
预约 yùyuē

문장

我要预约明天的会议。 저는 내일 회의를 예약하고 싶습니다.
Wǒ yào yùyuē míngtiān de huìyì.

문법

的 (de) 는 소유, 수식, 특성 등을 나타내는 조사로, 명사 앞에서 그 명사를 꾸며주는 역할을 합니다. 위 문장에서 **明天的会议 (míngtiān de huìyì)** 는 '내일의 회의'라는 의미로, 시간 **明天 (míngtiān)** 이 뒤따르는 명사 **会议 (huìyì)** 를 꾸며 주는 전형적인 구조입니다. 이 구조는 일상 회화부터 공식 문서까지 널리 사용되며, '형용사/명사 + 的 + 명사' 패턴으로 문장을 확장할 수 있게 해줍니다.

예 **他的答案很清楚。** 그의 대답은 매우 명확합니다.
　　Tā de dá'àn hěn qīngchu.

 要 (yào) 원하다 / 明天 (míngtiān) 내일 /
的 (de) [명사 앞에서 소유나 특성을 나타내는 조사] / 会议 (huìyì) 회의

12 심리

心理 xīnlǐ
<small>씬 리</small>

문장

她对心理学感兴趣。 그녀는 심리학에 관심이 있습니다.
Tā duì xīnlǐxué gǎn xìngqù.

문법

对 (duì)는 '~에 대하여', '~에 대해'라는 뜻을 가진 전치사로, 특정 대상이나 주제에 대한 감정, 태도, 반응 등을 나타낼 때 자주 사용됩니다. **对心理学感兴趣** (duì xīnlǐxué gǎn xìngqù) 이 표현은 어떤 분야에 관심이 있다는 의미로, 매우 흔한 감정 표현 구조이며, 일반적으로 '주어 + 对 + 명사 + 感兴趣'의 구문 형태를 따릅니다.

예 **他对音乐很热爱。** 그는 음악에 대해 매우 열정적입니다.
Tā duì yīnyuè hěn rè'ài.

 对 (duì) ~에 대하여 / 心理学 (xīnlǐxué) 심리학 / 感兴趣 (gǎn xìngqù) 관심이 있다

13 영양

营养 yíngyǎng
잉 양

문장

这种食物富含营养。 이 음식은 영양이 풍부합니다.
Zhè zhǒng shíwù fùhán yíngyǎng.

문법

富含 (fùhán)은 '풍부하게 포함하다'라는 뜻의 동사로, 주로 영양소나 성분, 정보, 의미 등 어떤 대상에 많은 양의 무형 요소가 들어 있을 때 사용됩니다. 위 문장처럼 'A 富含 B' 구조로 쓰이며, 형용사처럼 사용되는 동사적 표현으로 문장에서 상태를 설명할 수 있습니다.
营养 (yíngyǎng)은 신체 건강에 필요한 영양분을 의미하는 명사로, 건강, 식단 관련 문맥에서 매우 자주 쓰입니다.

예 **这种水果富含维生素。** 이 과일은 비타민이 풍부합니다.
　 Zhè zhǒng shuǐguǒ fùhán wéishēngsù.

 这种 (zhè zhǒng) 이 종류의 / 食物 (shíwù) 음식 / 富含 (fùhán) 풍부하게 포함하다

14 처방

处方 chǔfāng
추 팡

문장

医生给我开了一个处方。 의사가 저에게 처방전을 써주었습니다.
Yīshēng gěi wǒ kāi le yí ge chǔfāng.

문법

开 (kāi)는 일반적으로 '열다', '시작하다'라는 뜻으로 쓰이지만, 의료 문맥에서는 '처방전을 쓰다' 또는 '발급하다'는 의미로 자주 사용됩니다. 문장에서 开处方 (kāi chǔfāng)은 실제 병원에서 의사가 환자에게 약을 처방할 때 흔히 사용되는 고정된 표현입니다. 또한 一个处方 (yí ge chǔfāng)은 '수사 + 양사 + 명사' 구조로, 명사의 수량을 자연스럽게 나타냅니다.

예 **医生为他开药了。** 의사가 그에게 약을 처방했습니다.
　　Yīshēng wèi tā kāi yào le.

 给 (gěi) ~에게 / 开 (kāi) 쓰다, 발행하다 / 一个 (yí ge) 한 개의 / 处方 (chǔfāng) 처방

15 병실

病房 bìngfáng
빙 팡

문장

她在病房里休息。 그녀는 병실에서 휴식하고 있습니다.
Tā zài bìngfáng lǐ xiūxi.

문법

在…里 (zài…lǐ)는 '~안에 있다'라는 위치 표현으로, 어떤 공간의 내부에 위치하고 있음을 나타냅니다. 在 (zài)는 전치사로 장소를 소개하고, 里 (lǐ)는 '안'이라는 뜻의 위치 명사로 장소명사 뒤에 붙어 내부 공간을 강조합니다. 위 문장의 구조는 '주어 + 在 + 장소 + 里 + 동사'이며, 일상 회화에서 매우 자주 사용되는 문형입니다.

예 书在房间里。 책은 서랍 안에 있습니다.
Shū zài fángjiān lǐ.

 在 (zài) ~에 / 里 (lǐ) 안 / 休息 (xiūxi) 휴식하다

학습 점검

※ 배운 내용을 확인해 보세요.

01 "医生 (yīshēng)"의 뜻은 무엇인가요?

a) 약사   b) 간호사

c) 의사   d) 치료사

02 아래 제시되는 단어를 활용하여 중국어로 만들어보세요.

우리말   저는 **약**을 먹어야 합니다.

단어   药 (yào)

중국어   _____.

03 아래 빈칸에 보기를 넣어 큰 소리로 말해보세요.

보기   头 (tóu)   背 (bèi)

我的 _____ 很疼。

나의 _____ 이(가) 많이 아파요.

04 "疼痛 (téngtòng)"은 한국어로 무엇을 의미하나요?

a) 질병　　　　　　　　b) 진단

c) 통증　　　　　　　　d) 치료

05 아래 제시되는 단어를 활용하여 중국어로 만들어보세요.

우리말　저는 병원에서 진단을 받았습니다.

단어　诊断 (zhěnduàn)

중국어 _____.

06 아래 빈칸에 보기를 넣어 큰 소리로 말해보세요.

보기　　医生 (yīshēng)　　药 (yào)

我要去医院看 _____ 。

나는 병원에 _____ 을(를) 보러 갑니다.

정답　01 c)　02 我需要吃药。　04 c)　05 我在医院接受了诊断。

10

문화 및 행사

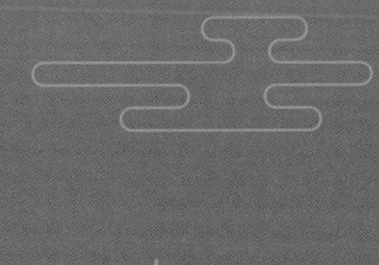

상황별 학습

명절, 축제, 전통 문화 등 중국의 다양한 문화적 상황에서 사용할 수 있는 표현을 학습합니다. 한국과 유사한 발음을 가진 단어를 활용하여 어휘를 쉽게 익히고, 문화적 상황을 반영한 회화 예문을 통해 자연스럽게 표현력을 향상시킬 수 있도록 구성되어 있습니다. 문법과 추가 예문을 통해 다양한 문화 표현을 폭넓게 익힐 수 있습니다.

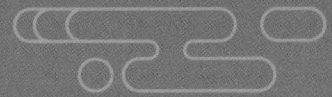

예술

이 슈
艺术 yìshù

문장

我对艺术感兴趣。 저는 예술에 관심이 있습니다.
Wǒ duì yìshù gǎn xìngqù.

문법

对 (duì)는 '~에 대해', '~에 대하여'라는 의미를 가지는 전치사로, 감정·반응·태도의 대상을 명확히 지목할 때 사용합니다. 예문은 전형적인 표현인 '주어 + 对 + 대상 + 感兴趣' 구조를 따릅니다. 이는 관심, 호감, 열정 등을 표현할 때 매우 자주 쓰이는 구문입니다. 艺术 (yìshù)는 미술, 음악, 연극, 문학 등 창의성과 표현이 관련된 모든 예술 분야를 포괄하는 일반 명사입니다.

예 **他对音乐有深厚的兴趣。** 그는 음악에 대해 깊은 관심을 가지고 있습니다.
Tā duì yīnyuè yǒu shēnhòu de xìngqù.

단어 **对** (duì) ~에 대하여 / **感兴趣** (gǎn xìngqù) 관심이 있다

02 전통

传统 chuántǒng
_{chuán tǒng}

문장

这个节日有悠久的传统。 이 기념일은 오랜 전통이 있습니다.
Zhège jiérì yǒu yōujiǔ de chuántǒng.

문법

有 (yǒu)는 '있다', '가지고 있다'는 의미의 기본 동사로, 사물의 존재, 소유, 특성 보유를 표현할 때 사용됩니다. 위 문장에서 '有 + 형용사 + 的 + 명사' 구조는 특성을 가진 대상이 존재함을 표현하며, **悠久的传统** (yōujiǔ de chuántǒng)은 '오랜 전통'이라는 복합 명사 표현입니다.

예 **这个地方有很多历史。** 이 장소는 많은 역사를 갖고 있습니다.
Zhège dìfang yǒu hěn duō lìshǐ.

 节日 (jiérì) 기념일 / 有 (yǒu) 있다 / 悠久 (yōujiǔ) 오랜

 강연

지앙 쭈오
讲座 jiǎngzuò

문장

我参加了一个讲座。 저는 강연에 참가했습니다.
Wǒ cānjiā le yí ge jiǎngzuò.

문법

参加 (cānjiā)는 '참가하다', '참여하다'는 의미의 동사로, 회의, 대회, 수업, 행사 등 공식적인 활동이나 집단적인 일에 참여할 때 자주 사용됩니다. 위 문장에서처럼 '参加 + 명사' 형태로 쓰이며, 동작이 완료되었음을 나타내기 위해 了 (le)와 자주 함께 사용됩니다.

讲座 (jiǎngzuò)는 지식이나 주제에 대해 발표하거나 설명하는 형식의 강연을 뜻하는 명사로, 학교, 기관, 행사 등에서 자주 열리는 강의 형식을 가리킵니다.

예 他参加了马拉松比赛。그는 마라톤 대회에 참가했습니다.
Tā cānjiā le mǎlāsōng bǐsài.

 参加 (cānjiā) 참가하다 / 了 (le) [완료된 행위를 나타내는 조사] / 一个 (yí ge) 한 개의

04 시낭송

诗歌朗诵 shīgē lǎngsòng
(스 거 랑 송)

문장

学生们进行了诗歌朗诵。 학생들이 시낭송을 진행했습니다.
Xuéshēngmen jìnxíng le shīgē lǎngsòng.

문법

进行 (jìnxíng)은 '진행하다', '시행하다'라는 의미의 동사로, 공식적이고 계획된 활동, 행사, 작업 등을 조직적으로 수행할 때 사용됩니다. '进行 + 명사' 구조는 매우 자주 쓰이며, **会议** (huìyì) 회의, **演讲** (xùnliàn) 연설, **训练** (tǎolùn) 훈련 등과 결합되어 다양한 상황에서 활용됩니다. 诗歌朗诵 (shīgē lǎngsòng)은 '시를 소리 내어 낭송하다'는 의미로, 예술 활동, 발표 수업, 문학 행사 등에서 자주 사용되는 표현입니다.

예 **比赛正在进行中。** 경기가 진행 중입니다.
　 Bǐsài zhèngzài jìnxíng zhōng.

 学生们 (xuéshēngmen) 학생들 / 进行 (jìnxíng) 진행하다

 패션쇼

时装秀 shízhuāngxiù
스 주앙 씨우

문장

我们观看了时装秀。 우리는 패션쇼를 관람했습니다.
Wǒmen guānkàn le shízhuāngxiù.

문법

观看 (guānkàn)은 '보다', '관람하다'라는 의미의 동사로, 공연, 영화, 경기, 전시 등 특정한 볼거리를 주의 깊게 보는 행위를 나타냅니다. 단순히 '보다'는 뜻의 看 (kàn)보다 더 격식 있고 집중해서 보는 행위에 사용됩니다. 위 문장은 완료를 나타내는 了 (le)와 함께 쓰여, "~을 관람했다"는 완료된 행위를 표현하고 있습니다.

예) 他们观看电影了。그들은 영화를 관람했습니다.
Tāmen guānkàn diànyǐng le.

단어 观看 (guānkàn) 관람하다

06 스튜디오

꽁 주어 스
工作室 gōngzuòshì

문장

他在工作室里工作。 그는 스튜디오에서 일합니다.
Tā zài gōngzuòshì lǐ gōngzuò.

문법

里 (lǐ)는 '~안에', '~의 내부에'를 의미하는 위치 명사로, 전치사 在 (zài)와 함께 '어디 어디 안에서'라는 구체적인 장소를 나타낼 때 사용됩니다. 이 표현은 '在 + 장소 + 里'의 구조로 자주 쓰이며, 장소 안의 공간적 개념을 강조할 때 유용합니다. 예문에서 在工作室里는 '작업실 내부에서'라는 의미이고, 뒤의 工作 (gōngzuò)는 '일하다'를 뜻합니다.

예 书在抽屉里。 책은 서랍 안에 있습니다.
Shū zài chōuti lǐ.

 在 (zài) ~에 / 里 (lǐ) 안에서 / 工作 (gōngzuò) 일하다

07　낭송회

朗诵会 lǎngsònghuì
랑　송　후이

문장

我们学校举办了一个朗诵会。 우리 학교는 낭송회를 개최했습니다.
Wǒmen xuéxiào jǔbàn le yí ge lǎngsònghuì.

문법

举办 (jǔbàn)은 '개최하다', '열다'라는 의미의 동사로, 공식적이거나 조직적인 행사, 모임, 회의, 공연 등을 주최하거나 진행하는 주체의 행위를 나타냅니다. 예문에서는 **举办了一个朗诵会**라는 표현이 사용되었는데, 이 구조는 '동사 + 수사 + 양사 + 명사'로, 정해진 수량의 행사 개최를 자연스럽게 표현합니다.

예 **他们举办了一个会议**。 그들은 회의를 개최했습니다.
　　Tāmen jǔbàn le yí ge huìyì.

 学校 (xuéxiào) 학교 / 举办 (jǔbàn) 개최하다 / 一个 (yí ge) 한 개의

 **08 공예품**

꽁 이 핀
工艺品 gōngyìpǐn

문장

这个地区以工艺品著名。 이 지역은 공예품으로 유명합니다.
Zhège dìqū yǐ gōngyìpǐn zhùmíng.

문법

以 (yǐ)는 '~로', '~을 가지고'라는 의미의 전치사로, 수단·방법·이유·특징 등을 강조할 때 사용됩니다. 예문에서의 '以 A 著名' 구조는 'A로 유명하다'는 표현으로, 도시·사람·지역이 어떤 특징이나 장점으로 잘 알려졌을 때 자주 쓰입니다. 著名 (zhùmíng)은 '유명하다, 잘 알려져 있다'는 뜻의 형용사이며, 공식적이거나 서면 표현에 적합합니다.

예 **他以诚实著名。** 그는 정직함으로 유명합니다.
Tā yǐ chéngshí zhùmíng.

 地区 (dìqū) 지역 / 以 (yǐ) ~로 / 工艺品 (gōngyìpǐn) 공예품 /
著名 (zhùmíng) 유명하다

09 활동

活动 huódòng
훠 똥

문장

我们参加了学校的活动。 우리는 학교의 활동에 참가했습니다.
Wǒmen cānjiā le xuéxiào de huódòng.

문법

的 (de)는 소유나 수식을 나타내는 조사로, 명사 앞에 위치해 그 명사가 누구의 것인지, 어떤 성질이나 특성을 갖는지를 설명합니다. 예문 속 学校的活动 (xuéxiào de huódòng)은 '학교의 활동'이라는 뜻으로, 소속을 나타내는 대표적인 문장이며, '명사 + 的 + 명사'의 형태로, 중국어에서 가장 널리 쓰이는 명사 수식 표현입니다.

예) 他的手机丢了。 그의 휴대폰이 잃어버렸습니다.
Tā de shǒujī diū le.

 参加 (cānjiā) 참가하다 / 学校 (xuéxiào) 학교 /
的 (de) [명사 앞에서 소유나 특성을 나타내는 조사]

10 민속

民俗 mínsú
민 수

문장

这个村庄保留了丰富的民俗。 이 마을은 풍부한 민속을 보존하고 있습니다.
Zhège cūnzhuāng bǎoliú le fēngfù de mínsú.

문법

保留 (bǎoliú)는 '보존하다', '간직하다'는 뜻의 동사로, 사물이나 전통, 형태를 원래 상태로 유지하거나 그대로 남겨두는 행위를 나타냅니다. 예문에 나온 **民俗** (mínsú)은 전통적인 풍습, 의식, 문화 등을 포함하는 말로, **传统文化** (chuántǒng wénhuà)와 같이 더 넓은 개념의 유사 표현과도 함께 익혀 두면 좋습니다.

예) **他们保留了老房子的原貌。** 그들은 오래된 집의 원래 모습을 보존했습니다.
　　Tāmen bǎoliú le lǎo fángzi de yuánmào.

 村庄 (cūnzhuāng) 마을 / 保留 (bǎoliú) 보존하다 / 丰富 (fēngfù) 풍부한

11 국제 교류

궈　찌　지아오　리우
国际交流 guójìjiāoliú

문장

我们学校加强了国际交流。 우리 학교는 국제 교류를 강화했습니다.
Wǒmen xuéxiào jiāqiáng le guójìjiāoliú.

문법

加强 (jiāqiáng)은 '강화하다', '강하게 만들다'는 의미의 동사로, 정책·조치·활동·능력 등 눈에 보이거나 보이지 않는 대상의 효과나 질을 높일 때 사용됩니다. 위에서 **国际 交流** (guójì jiāoliú)는 '국제 교류'를 뜻하며, 주로 학교, 정부, 기업 등에서 국가 간 정보, 문화, 인재를 주고받는 활동을 가리킵니다. 비슷한 맥락에서 **合作** (hézuò) 협력이나 **往来** (wǎnglái) 왕래 등의 단어도 함께 익혀 두면 표현의 폭을 넓힐 수 있습니다.

예) **他们加强了安全措施。** 그들은 안전 조치를 강화했습니다.
　　Tāmen jiāqiáng le ānquán cuòshī.

 学校 (xuéxiào) 학교 / **加强** (jiāqiáng) 강화하다

12 민간 예술

민 지앤 이 슈
民间艺术 mínjiānyìshù

문장

这些手工艺品是民间艺术的一部分。 이 수공예품들은 민간 예술의 일부입니다.
Zhèxiē shǒugōng yìpǐn shì mínjiānyìshù de yíbùfèn.

문법

是 (shì)는 중국어의 기본적인 동사로 주어와 명사·구·성질 등을 연결하여 '~이다'라는 의미를 나타내는 판단문을 만듭니다. 예문처럼 'A 是 B 的一部分' 구조는 'A는 B의 일부이다'라는 소속 관계를 명확히 드러내며, 자주 사용되는 문형입니다. 또한 **民间艺术 (mínjiān yìshù)**은 일반 대중 사이에서 오랜 세월 전해 내려온 예술 형태를 뜻하며, 그림, 공예, 민속무용, 전통 공연 등 다양한 전통문화 콘텐츠를 포함합니다.

예 **这个故事是真实的。** 이 이야기는 진실입니다.
Zhège gùshi shì zhēnshí de.

 手工艺品 (shǒugōng yìpǐn) 수공예품 / 是 (shì) ~이다 / 一部分 (yíbùfèn) 일부

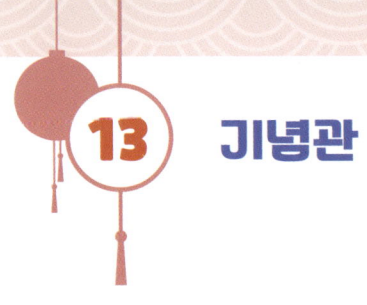

13 기념관

찌 니엔 관
纪念馆 jìniànguǎn

문장

我们参观了一个纪念馆。 우리는 기념관을 방문했습니다.
Wǒmen cānguān le yí ge jìniànguǎn.

문법

参观 (cānguān)은 '방문하다', '관람하다'라는 의미의 동사로, 박물관, 전시회, 기념관, 공장 등 특정 장소나 전시물을 관람하는 행위를 나타냅니다. 위 문장에서는 **参观了一个纪念馆**이라는 표현이 쓰였으며, '**参观** + 수량 + 명사' 구조는 방문 대상의 수량과 종류를 명확하게 전달할 때 자주 사용됩니다.

예 **他们参观博物馆了。** 그들은 박물관을 방문했습니다.
Tāmen cānguān bówùguǎn le.

 参观 (cānguān) 방문하다 / **一个** (yí ge) 한 개의

14 문화

원 화
文化 wénhuà

문장

这座城市有独特的文化。 이 도시는 독특한 문화가 있습니다.
Zhè zuò chéngshì yǒu dútè de wénhuà.

문법

独特 (dútè)는 '독특한', '특별한'이라는 의미의 형용사로, 보통의 것과 구별되는 고유한 특징이나 개성을 강조할 때 사용됩니다. 文化 (wénhuà)는 한 사회나 집단이 공유하는 가치관, 언어, 예술, 생활양식 등을 포함하는 개념으로, **传统文化 (chuántǒng wénhuà)** 전통 문화, **多元文化 (duōyuán wénhuà)** 다문화 등으로 확장해 학습하면 표현력이 넓어집니다.

예 **她有独特的风格。** 그녀는 독특한 스타일을 갖고 있습니다.
Tā yǒu dútè de fēnggé.

 城市 (chéngshì) 도시 / 有 (yǒu) 있다 / 独特 (dútè) 독특한

# 15 예술가

이 슈 지아
艺术家 yìshùjiā

문장

这位艺术家非常有名。 이 예술가는 매우 유명합니다.
Zhè wèi yìshùjiā fēicháng yǒumíng.

문법

非常 (fēicháng)은 '매우', '아주'라는 뜻의 강조 부사로, 형용사나 다른 부사 앞에서 정도의 강함을 강조할 때 사용됩니다. 这位 (zhè wèi)는 사람을 높여 부를 때 쓰는 표현으로, '이 분'에 해당하며 직업명 앞에서 자주 사용됩니다. 또한, 艺术家 (yìshùjiā)는 예술 활동에 종사하는 사람을 의미하며, 画家 (huàjiā) 화가, 作家 (zuòjiā) 작가 등과 같은 형식으로 다양한 분야에서 활용됩니다.

예 **他的工作非常忙。** 그의 일은 매우 바쁩니다.
　　Tā de gōngzuò fēicháng máng.

 这位 (zhè wèi) 이 [사람을 가리키는 존칭] / 非常 (fēicháng) 매우 /
有名 (yǒumíng) 유명하다

memo

학습 점검

※ 배운 내용을 확인해 보세요.

01 "艺术 (yìshù)"의 뜻은 무엇인가요?

a) 음악　　　　　　　　b) 예술

c) 민속　　　　　　　　d) 교육

02 아래 제시되는 단어를 활용하여 중국어로 만들어보세요.

우리말　나는 **전통** 기념일참여했습니다.

단어　传统 (chuántǒng)

중국어 _____ 。

03 아래 빈칸에 보기를 넣어 큰 소리로 말해보세요.

보기　讲座 (jiǎngzuò)　　诗歌朗诵 (shīgē lǎngsòng)

我们去听 _____ 。

우리는 _____ 을(를) 들으러 갑니다.

04 "时装秀 (shízhuāng xiù)"는 한국어로 무엇을 의미하나요?

    a) 패션쇼   b) 전시회

    c) 미술관   d) 연극

05 아래 제시되는 단어를 활용하여 중국어로 만들어보세요.

    우리말   이것은 예술가의 작품입니다.

    단어   艺术家 (yìshùjiā)

    중국어   _____.

06 아래 빈칸에 보기를 넣어 큰 소리로 말해보세요.

    보기   工艺 (gōngyì)   艺术家 (yìshùjiā)

    我喜欢 _____ 的工作室。

    나는 _____ 의 스튜디오를 좋아합니다.

정답 **01** b) **02** 我参加了传统的节日。 **04** a) **05** 这是艺术家的作品。

 **부록**

1 발음 가이드

기본 발음 구성

중국어의 음절은 주로 성모(자음) + 운모(모음) + 성조로 구성됩니다.

구성 요소	설명	예
성모(자음)	음절의 첫 번째 소리	b, p, m, f...
운모(모음)	성모를 제외한 나머지 부분	a, o, e, i, u, ü...
성조(음의 높낮이)	음절의 의미를 결정	1성~4성

중국어 음성 및 억양

중국어는 같은 음절이라도 성조에 따라 의미가 달라질 수 있다. 성조는 총 4가지로 나뉩니다.

1성	2성	3성	4성
mā	má	mǎ	mà
妈 엄마	麻 삼	马 말	骂 꾸짖다

2 기본 문법 개요

1. 문장 구조

① **기본 구조** : 기본 문장 구조는 주로 〈주어 + 술어 + 목적어〉의 형식을 따릅니다. 이 구조는 영어와 유사하지만, 중국어 특유의 문법적 특징이 있습니다.

예) 我喜欢茶。 저는 차를 좋아합니다.
　　Wǒ xǐhuān chá.

⇒ 여기서 我는 주어, 喜欢는 술어, 茶는 목적어입니다.

② 시간과 장소 : 시간과 장소는 주로 문장의 주어 바로 뒤에 위치합니다.
- 예 **我今天在家学习。** 저는 오늘 집에서 공부합니다.
  Wǒ jīntiān zài jiā xuéxí.
- ⇒ 여기서 今天은 시간, 在家는 장소입니다.

2. 핵심 문법 요소

① 명사와 지시사 : 명사 앞에 위치하는 지시사(这 이것, 那 저것)는 명사를 구체화합니다.
- 예 **这本书** 이 책
  Zhè běn shū

② 형용사와 정도 부사 : 술어형용사는 〈주어 + 很 + 형용사〉 형식이며, 형용사는 주로 명사 앞에 위치하고, 정도 부사는 형용사나 동사 앞에 위치합니다.
- 예 **今天很冷。** 오늘 춥습니다.　　**非常好。** 매우 좋다
  Jīntiān hěn lěng.　　　　　　　Fēicháng hǎo.

③ 문장의 부사 : 문장의 부사는 주로 동사나 형용사 앞에 위치합니다.
- 예 **我经常喝茶。** 저는 자주 차를 마십니다.　**我已经吃饭了。** 저는 이미 밥을 먹었습니다.
  Wǒ jīngcháng hē chá.　　　　　　　　　Wǒ yǐjīng chīfàn le.

④ 의문문 : "예/아니요"의 의문문은 문장 끝에 吗를 붙여 만들고 필요에 따라 의문사를 씁니다.
- 예 **你忙吗?** 바쁘세요?　　**你去哪儿?** 어디 가?
  Nǐ máng ma?　　　　　Nǐ qù nǎr?

⑤ 부정어 不(bù)와 没(méi) : 不는 일반적인 부정을 나타내고, 没는 과거나 완료된 상황의 부정을 나타냅니다.
- 예 **我不知道。** 저는 모릅니다.　　**我没去过那里。** 저는 거기에 가본 적이 없습니다.
  Wǒ bù zhīdào.　　　　　　　　Wǒ méi qùguò nàlǐ.

⑥ 동사와 조동사 : 동사는 일반적으로 주어 뒤에 위치하며, 조동사는 동사를 보조합니다.
- 예 **我可以去。** 저는 갈 수 있습니다.
  Wǒ kěyǐ qù.